JN082276

もっと、やめてみた。

「こうあるべき」に囚われなくなる暮らし方・考え方

わたなべぽん

幻冬舎文庫

わたなべぽん

もっと、やめてみた。

「こうあるべき」に囚われなくなる暮らし方・考え方

はじめに

こんにちは
わたなべぽんです

この本は
〝やめてみる〟が
テーマです

生活の中で
なんとなく使ってきた
「本当に必要かどうか
分からないもの」や
「なんとなくモヤモヤする
考えグセ」を思い切って
やめてみよう！
というお話です

二冊目となる今回は
"やめてみる"ことで
面倒や無駄が
減ったり
心が軽くなったり
するとともに

実は新たに
"自分に合った何か"が
始まっている!という
暮らしや心の変化を
描こうと思いました

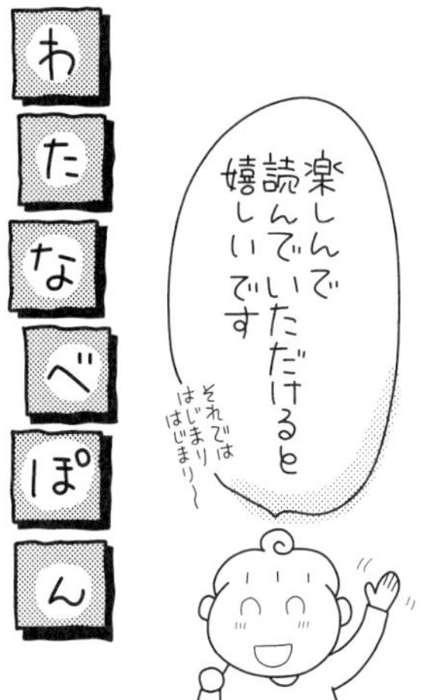

楽しんで
読んでいただけると
嬉しいです
それでは
はじまり
はじまり〜
わたなべぽん

もくじ

第一章 身近なところで、やめてみた

第二章　人間関係で、やめてみた

第三章　囚われるのを、やめてみた

ポカ
ポカ

ずーーん
ゆううつ

シャコ
シャコ
シャコ
シャコ
シャコ

第一章

身近なところで、やめてみた

《第一話》ビニール傘の巻

それは
4月の
連休のこと
友人らと
あるレジャー施設を
訪れたとき
は～
やっぱり
イッ○ア
スモー○
○ールドは
感動する
なぁ～！
夫の大学の頃からの友人達
あれ？
雨
ポッ
時々まんが家
ほとんど主婦
わたなべぽん
天気予報では
夕方から
降水確率50％
だったもんね
うん
帰るまで
もってくれれば
いいなぁと思って
たんだけどな
やっぱり
折りたたみ傘
持ってきて
良かったね
おっ
さすが
Sちゃん
バサッ
え!?
もしかして
傘持って
ないの
私達だけ!?
なんでみんな
そんなに用意が
いいの!?
仕方ない
売店で
ビニール傘
買おっと
うわっ
一番安いので
1500
円!?
高～っ!!
キャラクター
かさ ¥1500

うちに帰れば傘なんてあるのに合計3000円の出費！
うぐぐーもったいないー
それに…
みんなみたいに天気予報をチェックして折りたたみ傘を用意しなかった私が
ちょっとはずかしい…
なんだかすっごく気が利かない人みたいじゃない？
バサッ
バサッ
…この人は何も感じてないみたいだけど
わぁ！
1500円だけあってしっかりした傘だなぁ！
いつも手ブラもちろん傘も持ち歩かない
う〜ん
この傘使いすてにするには高いし普段づかいするにはハデハデだし
使いにくいの買っちゃったなぁ…
こうしてモヤモヤしながら帰宅
ただいま〜
ま仕方ないそのうち使おう…
ぐい
あ あれ？

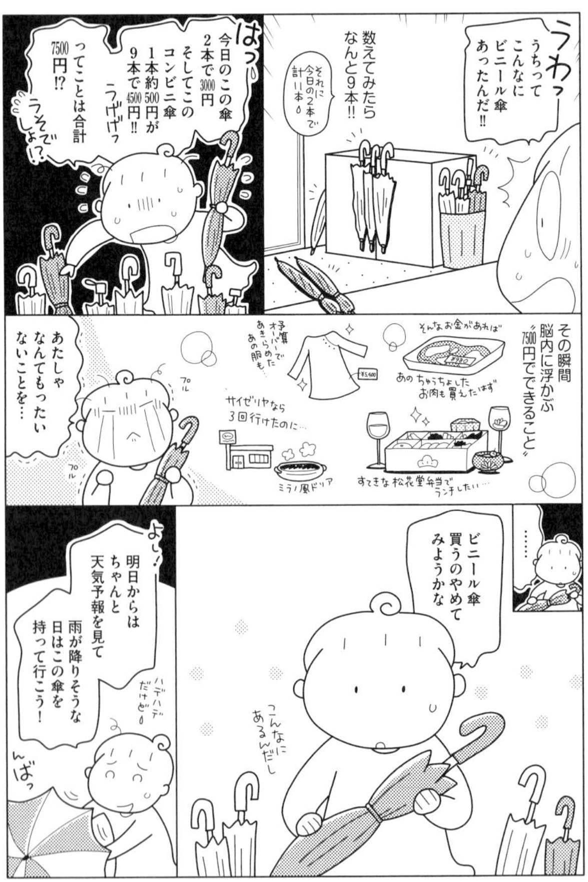

うわっ
うちってこんなにビニール傘あったんだ!!
数えてみたらなんと9本!!
それに今日の2本で計11本。
はっ
今日のこの傘2本で3000円
そしてこのコンビニ傘1本約500円が9本で4500円!!
うげげっ
ってことは合計7500円!?
うそでしょ!?
その瞬間脳内に浮かぶ"7500円でできること"
そんなお金があれば
あのちゅうちょしたお肉も買えたはず
予算オーバーであきらめたあの服も…
サイゼリヤなら3回行けたのに…
ミラノ風ドリア
すてきな松花堂弁当でランチしたい…
あたしゃなんてもったいないことを…
……
ビニール傘買うのやめてみようかな
こんなにあるんだし
よしっ!
明日からはちゃんと天気予報を見て雨が降りそうな日はこの傘を持って行こう!
ハデハデだけど。
んばっ

ということで翌朝
かなりもったいないけどビニール傘達は思い切って処分してしまおう
1500円の傘はとっといてと
ドサッ
え〜っと
杉並区ではビニール傘ってどうやって捨てるんだ？
骨とビニールを分けなきゃいけないなら面倒だなぁ
実はこれが億劫で調べる気になれなかった
おっ
あった！傘の捨て方
すぎなみくらしの便利帳
な〜んだ杉並区ではまとめて不燃ゴミに出せばいいのか
楽チン♪
えへへ
もっと早く調べてみれば良かった
マンション住人専用ゴミ置き
不燃ゴミ
そして朝の天気予報をチェックして
あ！今日は昼から降水確率50％！
打ち合わせには傘持って行こう
7:50
もちろん家族にも傘持参をすすめます
ねぇ夫君！
ずいっ
今日雨が降るんだって！
ハイ傘
傘？

え〜
外を歩くのは会社への行き帰りだけだし
帰りの頃に降ってるか分からないし
それにその傘ハデハデだし〜
はっ
傘持ってけオーラ
ずいっ
じじゃあ行ってきます
行ってらっしゃい
なんか怖かった…
そしてもうビニール傘は買わないでねオーラ
こうしてわが家は少しずつ
〝つい買っちゃうビニール傘〟を
やめてみることに慣れていったのでした
うふん ビニール傘処分したら玄関スッキリ
ですがそんなある日のこと…
ただいま〜
あれ？夫君傘は？
今朝持って行ったでしょ？
傘？
キョロ
キョロ
——はて？
ひっく
どうやら酔っぱらってどこかに忘れてきてしまった様子
酔っぱらいめ
そして結局みつからなかった

そして私の傘もコンビニの傘立てに置いていた間に
あれ？なくなってる!!
盗まれてしまい…
この前まであんなにたくさん傘があったのにイッキに0本になってしまった…
がっくり
わが家はなんでいつもこうう極端なんだ
あ！ねえこれ見て見て！
それは夫が友人の披露宴でもらった引き出物のカタログ
ほらほら
折りたたみの傘だったら置き忘れしなそうだよね！
これを引きかえてもらおうよ
おおそれはいいね！
ということで
今日雨だって傘持った？
うん持ってる
今日は午後から雨もようになりそうです
わが家はすっかり折りたたみ傘持ち歩く派に
行ってきます
実はいつもカバンに入れっぱなし
ビニール傘をやめてみたら
雨の日がちょっぴり楽しくなり始めた私です
思い切ってかわいい傘にして良かった♥
今度レインブーツも買おうかな～

《第二話》プチプラアクセの巻

さてと
今日のお天気はどうかな？
すっかり朝の天気予報を見るのが日課になった私
では お天気です
プチッ
今夜は七夕ですね！
気になるお天気ですが今夜はスッキリ晴れるでしょう
お！やったぁ
しかも天気予報で季節の行事が話題になることが多いので
興味がわいてきたわが家では最近
子供の頃にやってた行事を大人になった今もやってみよう！
がブームなのです
バサッ
ゆうべせっかく七夕飾りを作ったんだから外に飾りたかったんだよね〜
晴れて良かった♡
近所の図書館で七夕前に笹を分けてくれるのを最近知りました
これで良し と
いいね〜風流だね〜
笹のいい音♥
サラ
サラ
サラ
楽しい気分にひたっていたのもつかの間…
出かける準備をしていたら
ブオ〜
フン〜♪
今日はどのピアスにしようかな〜
え〜っと
この前買ったお気に入りのやつにしよう
コットンパールと
金色のプレートのピアス
脱衣所の棚の一段目がアクセサリー入れ

あれ？
何これ？
金具のとこが
黒ずんでる！
肌に直接
触れた部分が
黒ずんでる
金色が
薄くなってる
メッキが
はがれて
きてる
それに買った
ときよりも
全体的に
キラキラ感が
なくなってる
気が…
うぬぬ～
最近蒸し
暑くなって
きたから
きっと湿気で
サビちゃった
んだなぁ
こすったら
落ちるかな～
ゴシ
ゴシ
サビてるのは
肌に悪そう
だし
磨いても
だめそうだし
仕方ない
今日は他のを
していくか～
おっと
時間時間！
そして
その日
打ち合わせを
終え
あ～ぁ
ピアス
安かったけど
気に入って
たのに…
¥500
だった
帰り道
ついでに
プチプラ
アクセ屋さん
のぞいて
行こ～っと
あのピアス
みたいなの
あると
いいな～
安くて
かわいいの
大好き
アクセ
300
～
1,000
円

わぁ これかわいい♡
キャ〜ッ
こっちもいいな〜♡
そして買ったのがこの3点
¥500
¥300
¥500
これで総額1300円だなんて
私って買物上手〜♥
ところが1カ月後
あれっ？この前買ったばかりのピアスまた黒ずんでる!!
うわっ
よく見ると…
しばらく使ってなかったピアスやネックレスがどれも汚くなってる気がする！
えーーっ
これもこれも気に入ってたのに〜〜
そこでキレイなものと汚くなってるものを仕分けてみると…
うっ…
薄々気がついてはいたけど
やっぱりプチプラのものだけ汚くなってる
プチプラ
キラーン
ちょっといいヤツ
う〜む どうやらプチプラのアクセは
摩擦でメッキや色がはげやすい
湿気などでサビやすい
金具などがこわれやすい
皮脂汚れで金属が酸化しやすい
ってのがおこりやすいのかも
そういえばトラブルはプチプラで起こりやすい
あ〜首まわりかゆい！

それに比べて
ちょっといい
アクセサリーは
変わらず
キレイ
数点しかないけど
結婚指輪代わりのプラチナリング10万円
思い切って買ったピアス¥15,000
義母にもらったパールのネックレスとパールリング
クラフト作家の一点物¥18,000
その時ふと
思い出して
しまった…
ビニ傘全部で7,500円!?
うそでしょ～
7,500円あれば
いろんなことできるのに～
はっ
ごちゃ…
も…
もしかして
プチプラ
アクセを
ちまちま
買ってた
お金で
ちょっと
いいアクセ
買ってたら
今ごろまだ
ピカピカで
大のお気に
入りになって
たかも…
うう～
とりあえず
もう考えなしに
ホイホイと
プチプラアクセ
買うのはよそう
わぁ安～い
これならいっぱい買えちゃう
どれもかわいいっ
あの楽しみが
なくなっちゃうのは
淋しいけど
仕方ない
はぁ…
ということで
劣化して
使えなくなった
プチプラアクセは
思い切って処分
ひ～ん
使えないと
分かっていても
捨てるの悲しいっ
ゴミ置き場
ゴミ

そしてアクセサリーボックスにはキレイな〝ちょっといいアクセ〟だけが残りました
ん？
なんだかアクセサリーボックスに急に高級感が出てきたみたい！
アクセの数は少なくなったのに〜！
ごちゃっ…
Before
スッキリ！
After
しかも毎朝の身仕たくでも
スッキリしたら取り出しやすい♥
すっ
なんかいいものを普段づかいするのってキンチョーするけどウキウキする
大切に使おっと
それにアクセサリーをはずすときも
帰宅したらすぐはずして
ササッとふいて
くもったりサビたりしたらもったいないもんね
布はめがねふきがおすすめ！
元の場所に戻す
以前よりていねいに扱うように
すると友人達に会ったとき
あれ？ぽんちゃん
ん？

アクセサリーとかシンプルで今日はなんかいい感じ
大人っぽい！
ホント!?
うれしいな〜
実はプチプラアクセをやめて
持ってる中でもちょっといいのを普段づかいするようにしたの
プチプラってすぐいたむんだよね〜
あー
それ分かる〜！
私も最近あんまり買わなくなったなぁ
でもさ いつもいいものばかりなんて買えないから
しばらく買うのはおやすみだよ
だよね〜
私の場合ボーナスから3万円だけは自分で好きなものに使うことにしてるからそのとき吟味して買ってるよ
うちは誕生日に1万円くらいのアクセサリーを夫にプレゼントしてもらう
もちろん夫の誕生日に私も何かプレゼントするし
よっ
熱々だねっ
なるほど〜
みんないつもステキなアクセサリーをつけてると思ってたけど
そうやって少しずつ揃えてたのか〜
こうしてプチプラアクセをやめてみた私は
よく聞く〝いいものを大切に長く使う〟って
節約の方法かと思ってたけど
少しずつ身のまわりが豊かになる方法なのかもしれないな
新たなアクセサリーとの付き合い方に目覚めたのでした

ちなみに…

プチプラアクセをやめたんだ
安いのって結局すぐ傷んじゃって
安くてかわいいの好きなんだけど
と、夫に話したところ
彼の中で何か思うところがあったのか
……
安くてヨレたネクタイを処分していました
どっさり
ゴミ袋
そんなにどこにあったの!?
パリッとしたのが残っていい感じです
次はYシャツも処分しよっと
いいことだ

《第三話》観葉植物の巻

ただいま〜
フンフ〜〜ン♪
鉢植え買っちゃった〜
どこに飾ろうかな〜
ポイ
ポイ
突然ですが私は大の植物好きです
見て見て〜このアジアンタム葉ぶりが良くてキレイでしょ〜
かわいいっ♥
それなのに実は
うぅん そうだね
大の"植物育て下手"なのです
この前のも枯れちゃったのに また買ってきたの？
クワズイモ
やだな〜枯れちゃったからまた買ってきたんじゃないの〜！
今度こそ上手に育てるから！
ベランダにはこれまで枯らした植物の鉢が山積み
部屋のあちこちにグリーンがある生活ってステキじゃない？
そのアジアンタムもすぐ枯らしちゃうんだろうなぁ…
でも言うまい
ズズズ
夢のグリーン生活
よし！
じゃあこれはキッチンのカウンターに飾ろうっと♡

3日後
ささっ お水あげましょ
とりあえず まだ元気には見える
1週間後
あれ？ お水が足りてなかったかな？
なんとなく葉に元気がない
10日後
ん？ 水不足？ 日光不足？ 栄養不足？
栄養剤あげて 窓辺に出しておこう
何本か茶色になってきてる枝が…
2週間後
しおしお〜
なんで!? なんでいつもこうなるの!?
う〜ん… アジアンタムって繊細な植物なのかも…
うちって日当たり悪いから 環境が合わなかったのかもね〜
そ… そうかな〜
結局また枯らしてしまう…
翌日
だけどこりない私
イタリアン B1へどうぞ
わぁ このウンベラータすてき〜！
うちにもこんなの欲しいなぁ
また始まった

あ
これ
実は造花なんですよ
フェイクグリーンっていうヤツです
え!?
本物みたい!!
うちの店は地下だから日が当たらなくて植物は置けないんですよね
なんかかわいそうで
イタリアン
B1へどうぞ!!
でもこれならお世話もないし楽なんです
へ～
すごくリアルにできてるんだね
うちもこういうのにしちゃおうかなぁ
枯れなくていいなぁ～
え?
こーいうのでいいの?
何度枯らしてもこりずに買ってくるから
お世話下手なりにホントに植物が好きなんだと思ってた
かわいいっ
だから僕も何も言わなかったけど…
でも造花で良いのなら
元々別に植物が好きってわけじゃないいんだね
それならフェイクグリーンは大賛成だよ
!!

――そ そう
言われてみれば
確かに
植物が好きで
買い続けていた
というより
グリーンが
いっぱいの
インテリアに
憧れてたし
上手に植物を
育てられる
ステキな女性に
なりたいだけ
だった気がする
むむむ
この辺で
〝私には植物は
向かない〟と
自覚して
植物をホイホイ
買うのをやめて
みてもいいかも…
ああ
また何か
考え込んじゃった…
こうして
私は
観葉植物を
やめてみる
ことにしたのです
――とはいえ
花屋さんの前を
通るとやっぱり
見たくなっちゃう
んだよなぁ
花
ん？
そっか！
植物が欲しく
なったら
別に鉢植え
じゃなくて
切り花を
ちょこっとだけ
買って飾る
のでもいいか
うん！
これは
これで
かわいいね
枯れても
罪悪感
ないし
よくできてる
シュガーバインの
造花を飾ってる
自分なりの
植物との付き合い方を
見つけつつあったの
ですが…

そんなある日のこと
ぽんちゃん新刊発売おめでと〜!
わ〜いありがと〜
新刊発売にかこつけて友達と飲みに行ったとき
ハイッこれプレゼント
えーーっやだなあそんなに気をつかわないでよ〜
うふふでもうれしい
それはなんと多肉植物の寄せ植え
サボテンのトゲがないやつだと思ってください
うっ植物やめてるのに…でもかっかわいいっ
はっぱがお花みたいでしょ
えへへ〜実は今多肉植物にハマッててねその寄せ植えはうちの鉢から株分けしたやつなんだよ〜
おすそ分け!
で…でも…私かなり植物育てるの下手だよ?
すぐ枯らしちゃうかも
大丈夫大丈夫!私もそうだったけど多肉ちゃんだけは続いてるもん
めちゃ強いんだよ〜
ということで多肉植物を育てることになったのですが
う〜む一応育て方をネットで調べておこうかな
せっかくのプレゼントをすぐ枯らしちゃうわけにいかないし

え〜っと
「多肉植物は
葉に水分を
蓄えられる
から
鉢の土が
乾いてから
水をあげる
くらいでよい」
あげるときは
底から
水が出るくらい
たっぷりと
葉にシワが
よってきても
水をあげれば
復活！
まだ生きてるよ
「エアコンの風や
日光が直接
当たらない
場所に置く」
植物って風や
おひさまが好き
だと思ってた…
レースのカーテン
な…
なるほど〜
簡単そうではあるんだけどな〜
すると…
なんと2週間
経っても
多肉植物は
元気なまま
あっ
しかも
小さな
新芽が
出てる！
ツヤツヤでかわいい〜
土がカラカラ
だからそろそろ
お水をあげよう
お水をあげた後
はっぱがプリプリに
なるのが
かわいいんだよなぁ
土に指をつっこんで水分チェック
ん？
そういえば
今まではこんな
風に植物や土の
状態を
ちゃんと観察
して世話をした
ことなんて
なかったかも
というか
今まで
観葉植物には
よくないこと
ばかりしてた
ような…
ほぼ毎日
たっぷり
水をあげる
たーんとお飲み
日光や
エアコンの風を
気にせず
インテリアとして
見栄えのする
場所に置く
元気がなく
なってきたら
水と栄養剤を
やり日光に
当てる
まるで植物いじめ…
くさる〜
むれる〜
暑い〜

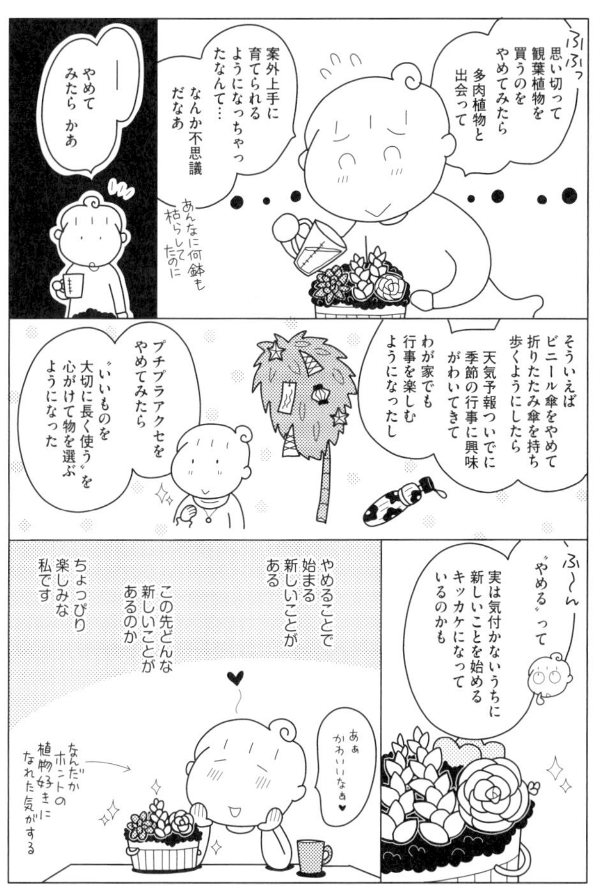
ふふっ
思い切って観葉植物を買うのをやめてみたら 多肉植物と出会って
案外上手に育てられるようになっちゃったなんて… なんか不思議だなあ
あんなに何鉢も枯らしてたのに
——やめてみたら かあ
そういえばビニール傘をやめて折りたたみ傘を持ち歩くようにしたら 天気予報ついでに季節の行事に興味がわいてきて わが家でも行事を楽しむようになったたし
プチプラアクセをやめてみたら "いいものを大切に長く使う"を心がけて物を選ぶようになった
ふ〜ん
"やめる"って実は気付かないうちに新しいことを始めるキッカケになっているのかも
やめることで始まる新しいことがある
この先どんな新しいことがあるのか
ちょっぴり楽しみな私です
ああ かわいいなぁ
なんだかホントの植物好きになれた気がする

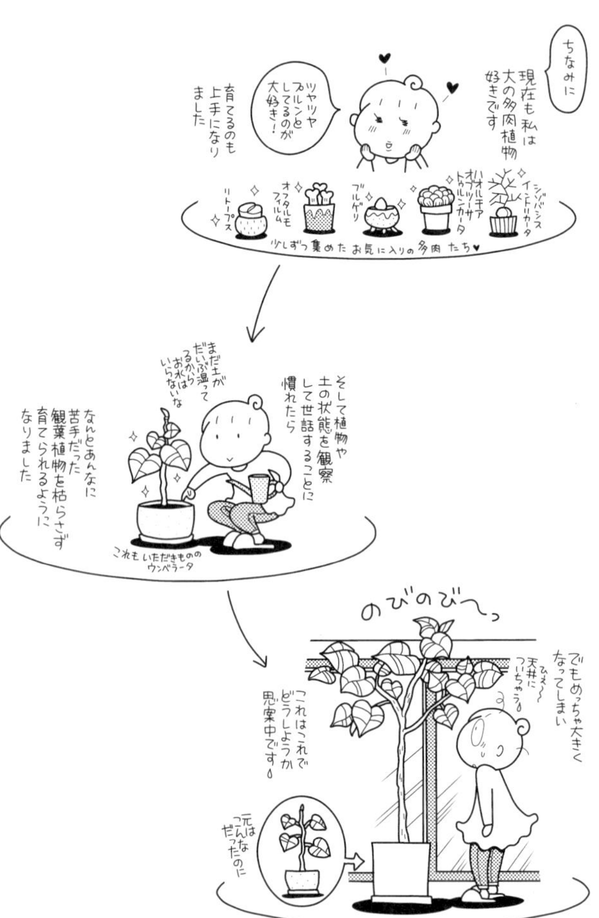
ちなみに
現在も私は大の多肉植物好きです
ツヤツヤプルンとしてるのが大好き!
育てるのも上手になりました
イシドバシス インドゥリカータ
ハオルチア オブツーサ トゥルンカータ
ブルゲリ
オフタルモフィルム
リトープス
少しずつ集めたお気に入りの多肉たち♥
そして植物や土の状態を観察して世話することに慣れたら
まだ土がだいぶ湿ってるからお水はいらないな
なんとあんなに苦手だった観葉植物を枯らさず育てられるようになりました
これもいただきもののウンベラータ
のびのび〜っ
でもめっちゃ大きくなってしまい
ひえ〜天井につい ちゃう。
これはこれでどうしようか思案中です。
元はこんなだったのに

《第四話》髪型の巻

今日はどうしましょう
だいぶ伸びましたね～
ヘアサロン
Cut…
Color
いつも通りでお願いします
ノンカラー
ノンパーマ
セミロング
了解しました！
ここ数年髪色や髪型を変えていない私
以前はカラーもパーマも楽しんでいたけど髪のいたみやリペアの面倒さからやめてみることにしたのです
おぉ～
元気な髪になりましたね～
ツヤも出てきたし
でしょ!!
元気になったらスタイリングも楽になったんですよ～
以前はゴワゴワでうねっててブラシが通しにくかった
カラーやパーマをやめようか迷ってたとき
ノンカラーノンパーマにして急に地味になったらオバサンっぽく見えるかな…
せめてカラーやパーマはしたほうがいいかな
なんて思って怖かったんですけど
髪はカラーやパーマをしていなくてもハリがあってツヤツヤしてると上品でキレイだと思いますよ
大丈夫！
ツヤ髪ってブローで簡単にできるし！
こう言ってもらえてやめてみる勇気が出たんですよね
・・・・・

パーマやカラーを
やめても
教えてもらった
方法でケアしたら
大丈夫だったし
ブラッシングや
ブローが気持ち
いいから
新しい習慣が
増えた感じ
髪のツヤが
嬉しくて
ていねいに扱う
ようになったし
へ〜！
良かった
……
それ聞いて
少し楽に
なりました
？
チョキ
チョキ
——実は僕
今月いっぱいで
この店やめて
田舎のおやじの
床屋を継ぐことに
したんです
え!?
おやじも年だし
体こわしちゃって
僕一人息子だし
仕方ないかなー
えぇ〜っ
おやじとは
ケンカばかり
だったから
帰るのに不安が
あったんですけど
東京にも
まだ未練あるし
僕も思い切って
東京暮らしを
やめてみたら
田舎で新しい
楽しいことが
ありそうな気が
してきました！
ありがとう
ございます
いえいえ
そんな

あ
そうそう！
僕の後任の
美容師を
紹介しますね！
おーい
りかちゃーん！
りかちゃん
女の子か～
りかです
よろしく
お願い
しまっス
ドピンク
ピアス
タトゥー
どうぞ
ごひいきに～
ハ ハイッ
ひえ～
パンク娘!!
う～む
なんかちょっと
おっかない娘が
担当になって
しまった…
仲良く
できる
だろうか…
絶賛
人見知り中
じ
っ
そして
2カ月後
おそるおそる
美容室に来て
みたら
ヘアサロン
cut
まみどりに
なってた
今日は
どんな感じに
しましょう？
あ ハイ
えーっと
伸びた分
毛先をカットして
これまで通りの
感じでお願い
します
ノンカラー
ノンパーマ
セミロング
ドキ
ドキ
なんだか
キンチョー
するなぁ
じぃ～～～っ
なっ
なんだ!?
怖っ!!

せっかくだから
ちょこーっとだけ
前髪で遊んで
みません？
ぽんさんって
少し眉を出した
方が似合いそう！
え～っ!?
眉出すの!?
はずかしいなぁ
大丈夫 大丈夫
ほんの少し
だけです
きっと明るい
感じになり
ますよ～！
え～っ
でもぉ
う～ん
う～ん
——じゃあ
ホントに
ホンットーに
少しだけ…
ハイッ
よく知らない人に
キッパリ断わり
づらい。
少しね
15分後
サッ
どう
ですか？
！
ホントだ～
前より軽く
なってる！
でしょ
ちょっと
ななめに
切ってあるん
ですよ～
それは
ほんの少しの
変化だけれど
あ
こんにちは
あら～
なんだか今日は
雰囲気違うわね
さわやかな
感じよ～
よく行く
居酒屋の
おかみ
たまさん
キャベツ
￥198
帰宅して
からも
あれ？
何だか
いつもと
違う
髪
切った？
やーだー
んもー
夫君
まで～
バサバサ

むむむっ
なんだか
久し振りに
楽し嬉しい
ウキウキ
ん？
そっか
「やめてみた」
からって何も
一生やめ続け
なくてもいいん
だよね
カラーやパーマも
自分が
やりたくなったら
また始めてみたって
別にいいんだ
ということで
1カ月後
この数年間
髪型や髪色を
変えてこなかった
私ですが
できました～
髪が
青く
なってた
りかさんに
おまかせして
大変身して
みることに
しました
じゃーーーん！
わぁ！
ありがとう
ございます
ふふっ
頭が軽い！
髪が風に
そよいで
気持ちいいな
おしゃれして
どっかに
出かけたい
気分
Café
わっ
ガラスに
映った自分が
一瞬誰だか
分からなかった
あはは

そして
大変身で
心が弾むと
フンフ〜ン
今日は
スーパーくらい
しか出かけない
けど
口紅と
アクセサリーを
つけて と
髪型変えると
メイクも楽しく
なるなぁ
ちょっと
おしゃれして
過ごそーっと
普段ちょっと
めんどうなことが
すんなりできたり
あ
そうだ！
最近ちょっと
なまけてたから
今夜は
ウォーキング
行こうかな
汗かくと
お肌の調子も
良いんだよね！
なんだか
ちょっぴり
アクティブになった
自分がいました
ふふふ
髪型を
変えただけ
なのに
私って
単純だなぁ
キュッ
もしかしたら
今までやめてた
からこそ
より楽しさや
ありがたみを
感じられるのかも
んー っ
気持ちいいっ
ホッ
ホッ
その時々の
暮らしの変化に
合わせてもう一度
始めてみること
それもまた
「やめてみる」の
楽しみ方のひとつ
なのかもしれません
美容師の
お兄さんも
再スタート
楽しめてると
いいな
がんばれ〜
ホッ
ホッ

一度 やめてみたけど
また 始めてみたものたち
ワイングラス
数年前"ものを持たない暮らし"ブームに乗っかってワイングラスを処分してしまったわが家
100均の使ってた
そばちょこでワインだなんておしゃれじゃなーい？和モダンな感じで♥
そ、そう？
ぐいのみみたいだけど…
でもお店でワインを飲むたびに
んっおいしい
そしてグラスってやっぱり飲みやすい
むむむ
なんだかグラスが恋しくなってしまい…
せっかくだから少しだけ良いグラスを買って
（というかたまってた楽○ポイントで買えた～♥）
使いはじめました
いいグラスでワインを飲む日のお料理は腕によりをかけるようになって
家飲みが楽しみです
ちょっとレパートリー増えたかも
わっなにこれっ
菜の花とホタルイカのアヒージョ作ってみた
ちなみに使っているのは…
「シェフ&ソムリエ」のグラス
この独特な形でワインを注ぐだけでデキャンタージュ効果あり！…らしい
赤用 ￥2,300くらい
白用 ￥2,000くらい

一度 やめてみたけど
また 始めてみたものたち
歯みがき粉
歯みがき粉はあの味のせいで「歯みがきした！」って感じがしますが実はきちんと磨けていないことが多いんです
歯みがき粉なしでていねいに磨く方が良いんですよ！
へ〜
そこでさっそく歯みがき粉をやめてみることに
家庭の健康
1カ月後
う〜ん
たしかに食べカスや汚れは落ちてるんだけど
なーんか歯が黄ばんでるような気がする
どうやら色素の汚れはブラシだけでは落ちにくいらしい…
そこで結局歯みがき粉をまた使うようになったのですが
ていねいなブラッシング＋歯みがき粉で色素汚れもとれる！
これ最強！
以前よりていねいにしっかり磨くくせがつきました
すすぐ前にもう一度ぐるっと磨いて、と
シャコシャコ
ん〜やっぱりミントのスースーは気持ちいいなぁ
じっくり磨くときはながら磨きもおすすめ

一度 やめてみたけど
また 始めてみたものたち
手帳
スマホにしてからスケジュール管理はすべてスマホの手帳アプリで行っていた私
アラームも鳴るしPCと同期できるから便利だなぁ
でも…
来週の木曜時間あります？打ち合わせしましょ
えっと来週木曜は
ちょっと待ってくださいね
スマホで通話中スケジュールが確認しづらい
しかもメモできない♪
サッ
サッ
そこで結局手帳に戻ったのですが…
1日の細かい予定やメモも書き込めるしなんて手帳って有能なんだ!!
改めて手帳の良さに感動！
ガーン…
ねぇ知ってた!?
みんな知ってるよ…
ただしアプリの良さも捨てがたいので両方使うことに
アプリ
大まかな予定とアラーム設定
手帳
1日の細かい仕事の工程進行予定など
半年先まで予定が立てやすくなって仕事が進むようになった気がする

《第五話》ボディーソープの巻

冬が近づいてきたある日のこと
この季節になると悩ましいのが乾燥肌
う〜〜
かいかいっ
ボリボリボリ
ボリボリボリ
どしたの？
遊びに来てた友人Sちゃん
乾燥してかゆくって
子供の頃から乾燥肌だったんだけどさー
かい〜
ホラニベアぬっとき
ボリボリ
あんまりかきむしらない方が…
山形に住んでた子供の頃は保湿すればなんとなく良くなってたのに
カサカサ
ボロボロ
最近ではちょっとやそっとじゃ潤わなくなってきてさ〜
やっぱり東京の乾燥ってひどいんだねー
なんだか年々ひどくなってる気がするよ〜
へ〜
う〜ん
でもそれってもしかしたら東京のせいじゃなくて
加齢のせいかもよ
年をとるとお肌の機能が低下して乾燥しやすくなるそうだし
ドーン
加齢
あとは…
体の洗い方が原因だったり
体の洗い方？

うん
洗浄力の強いボディーソープを使ってスポンジでゴシゴシ洗うと
必要な皮脂まで洗い流されて乾燥しやすくなるんだって
それに熱いお風呂に長時間つかるのも
皮脂が流れ落ちる原因に！
え〜〜っ！
毎日ゴシゴシ洗ってたよ！
熱いお風呂も大好きだし！
実は私も乾燥しやすい方なんだけどさ
え〜？
でもすごくしっとりしてるよ？
ツルン
石けん作りが趣味の友達が教えてくれたんだけど
体を洗うのはオリーブ石けんを泡立てて
泡で体をなでるくらいでいいと思うよ
これ手作りのオリーブ石けん！試してみて〜
やってみたら肌の調子がいいんだよね
へ〜〜！
私も試してみようかな〜
ってか石けんって作れるんだ知らなかった…
——でもオリーブ石けんなんてすぐには手に入らなそう
手作りしてる人なんて身近にいないし
ドラッグストアでも売ってるとこあるよ
KAZAMA
ドラッグ
ほら！
これ！アレッポのオリーブ石けん
ホントだ〜
なんかゴツイ石けんだね
でかいキューブ型
ちょっと溶けやすいけどオススメだよ

でも
実は石けんって
使いにくいって
思ったことが
あったような…
わざわざ
泡立てて
使うの面倒
しかも泡立ちが
良くない
すぐ
溶けて
ドロンドロドロに
以前誰かにもらった
美容石けんも
ドロドロになって
半分も使わない
うちに捨てた記憶が…
まいいや
乾燥肌が
良くなるなら
試してみよう
これください
ありがとうございます
ボディーソープは
いったん
おいといて
どれどれ
さっそく試して
みようかな
夫は使うだろうし
夫のシャンプー
ササッ
BODY SOAP
教えてもらった
通りに
泡立てネットで
泡立てて
100均で買ってみた
モコ
モコ
お？
なんだか
ツルンとした
泡になったぞ
独特な香りがするなぁ
ツル
ツル
これで体を
なでるように
洗い…
あ、あれっ？
泡がすぐ
消えちゃう
そしてシャワーで
流す
と
うう〜む
ゴシゴシ
キュッキュして
ないからか
洗った気が
しない…
ちゃんと汚れ
落ちてんの
かなー
なんだか
不完全燃焼な私

とはいえ
買っちゃったんだから
最後まで
使わないと
もったいないよね
溶けないよう
ちゃんと水を
切ってね
って言ってたし
水を切ってっと
すると
5日ほど
経ったある日
――ん?
忘れてたけど
あのイヤな
ムズムズ
カユカユが
減った気がする
スネのかゆみもなくなった
ひっかかなくなったら
お肌のザラザラも
減ってきたし
もしかして
〝オリーブ石けん
&手のひら洗い〟が
効いてるのかも!!
ちゃんと水切りすれば
デロンデロンに
ならないって
わかったし
ようやく
効果を実感!
そういえば
あのとき
石けん作りが
趣味の友達が
いてね
って言ってた
よね…
手作りのオリーブ石けん
市販のオリーブ石けん
でもこんなにいいん
だから
手作りなら
もっと使い心地が
良さそう!
どんな
かな〜?
いいなぁ
作って
みたいなぁ
私でも作れるん
だろうか…
そこで
ネットで調べて
みることに

そこにはめくるめく手作り石けんの世界が!!
わあ! なにこれ色も形もさまざまで
めちゃかわいい♡
これ全部手作り!?
しかも一般の人たちの!
ドライオレンジが挿してある
立体感のあるリーフみたい
透明で中には花びらがとじこめてある
面白い形
富士山みたい
スイーツ本物そっくり
マーブル模様
おしゃれなハンコが押してある
キャ〜♥
作ってみたーい♡
どうやって作るんだろん?
乙女心がうずくわ♥
材料の"苛性ソーダ"ってなんだ?
なんか怖いんだけど……
苛性ソーダ
毒物及び劇物取締法で指定されている劇薬
購入には身分証と印鑑が必要
目に入ると失明の恐れがあるので取り扱いには注意が必要
げげっ
劇薬!?
苛性ソーダ
うわー なんかイッキにハードルあがった〜
ドドーーーンッ!
石けん作り
そんなおっかない劇薬 そそっかしい私が扱える気がしないよ〜
あれ? でも案外気軽に体験してる人もいるみたい…
親子体験教室
ECO
天プラ油から石けんを作ろう!
OIL

ふ〜ん
親子で楽しめるくらいならそんなに難しくはないのかも
苛性ソーダも劇薬とはいえ薬局で買えるものみたいだし
そんなこんなで数日後
思い切ってオリーブ石けんを手作りしてみることに！
手作り石けんのレシピ本や材料も揃えたしいざ!!
ドキドキ
OIL
まずはシンプルな石けんを作ろう
オリーブオイルで石けんを作ってみよう！
参考にさせていただいたのはこちら
お風呂の愉しみ
前田京子
©飛鳥新社
〈装備〉
マスク
エプロン
ゴム手袋
めがね
換気もしっかり！
〈道具〉
・耐熱ガラスボウル
・耐熱計量カップ
・マドラー
・泡立て器
・牛乳パック
・包丁
〈材料〉
・オリーブオイル 500cc
・精製水 180cc
・苛性ソーダ 53g
1
苛性ソーダに精製水を投入！（発熱します）
45℃まで冷ます
2
同じく45℃まで温めておいたオイルに少しずつ入れながら
かきまぜる
ホントに少しずつまぜるのがコツ
3
そのまま20分休まずまぜる
シャカシャカ
4
ハンディブレンダーを使えばイッキに15分くらいでできちゃう
寝るときはラップして
タネがもったりするまで2〜3時間に一度5分くらいかきまぜる（24時間かかることも）
5
もったりとしてきたら
型に流し入れる
6
1〜2日で固まったら
包丁で切り分けて
完成！
4〜6週間乾かしたらできあがり！
オリーブオイル100%のシンプル&リッチな石けん
保存料は入ってないので一年以内に使い切ってね！

慣れない作業でハラハラしながらも
おおう
苛性ソーダって精製水と混ぜると発熱するんだ～
化学の実験みたい！
換気換気
ポチッ
この蒸気吸い込み注意
なんとかレシピ通り工程をすすめ
もったりしたクリームチーズみたい！なんだかお菓子作りしてる気分だなぁ
トロ～リ
道具もキッチンツールだし
2日後に型から出し切り分け
お～！
なんだか石けんらしくなってきた！
ちょっと感動～
風通しのよい場所で4～6週間ほど乾燥させます
ちなみにわが家では
トレイに載せてテレビ台の上で乾燥させてます
そして4週間後
やったぁ完成！あぁこの4週間待ちどおしかったー！
少々デコボコしているもののどうにか初の石けんが完成
黄緑色のオリーブオイルなのにまっ白の石けんができるんだね～！
夫君 今夜からお風呂で体を洗うのは石けんを使ってね～
お風呂お先に～
泡立てばなんでもいい人
は～い
どうぞ～
ズズッ

ザバ〜
おお〜
ちゃんと泡立ってる!
石けんになってるじゃないか〜
モコモコ
洗い心地もいい感じ!
ツルツル
初めての石けんは大成功の出来!
しかもそのあと入浴した夫が
ねぇ あの石けんなかなかいいね 洗いあがりがツッパらなくて
でしょでしょでしょでしょ
バタバタ
珍しく気に入った様子
ちょうどボディーソープもなくなるところだったので
うむ 世話になった! さらば!
BODY SOAP
これを機に容器なども処分
完全にボディーソープをやめることになったのでした
そして
な 何してるの?
次に作る石けんのレシピを考えてるの!
こんな時間に調べ物?
精油を入れて香りをつけたり
ハーブパウダーやクレイ(泥)で色をつけたりできるんだって
どんなの作ろうかな〜
お風呂の愉しみ
まだこんなにあるのに?
あと何ヵ月ももちそうだけど
それを使い切ったら作るの!!
——手作り石けんにすっかりハマり

それからというもの
年に2回半年分の石けんを作るのが私の楽しみとなりました
あ
ストックの石けんがなくなりそう
そろそろ作らなきゃ
残り2〜3個が作るサイン
石けんを作り始めた頃はとにかくいろんなのを作ってみたけど
ぽんの石けん ギャラリー
オレンジ色の石けん
いろんな色のモザイク入り石けん
3色の石けん
マーブル模様
上は透明でカレンデュラの花びらを入れた
チョコレートケーキみたいな石けん
色々な色のドット
中には失敗してオイルでギトギトのもありました
なんだコリャ
最近はハーブ入りのシンプルな石けんを作るのが定番になっています
きめ細かい泡とハーブの香りがリラックスできるんだよね〜
OLIV OIL
ボディーソープをやめてみたら石けん作りという新しい趣味ができた
カシャ カシャ
生活に必要なものを手作りできるってなんだか誇らしいような嬉しいようないい気分なんだなぁ
今回もいい石けんになーれ♪
またひとつ〝やめてみたら始まった〟がみつかった私です

石けん作り
私もやってみたい！
という方にどうぞ！

おすすめの本

- 『お風呂の愉しみ』 前田京子著
- 『オリーブ石けん、マルセイユ石けんを作る』 前田京子著
- 『肌に髪に「優しい石けん」手作りレシピ32』 小幡有樹子著

見てるだけで
ウキウキする
かわいい石けんの
本も！

- 『手作りのスイーツ石けん』 小坂由貴子著
- 『フラワーコンフェティソープが奏でる世界』 金子ひとみ著

おすすめのサイト

- **カフェ・ド・サボン** （http://www.cafe-de-savon.com/）
  石けん作りに関する材料・道具・ラッピング用品などほぼすべて揃ってます！
- **お風呂の愉しみ** （http://www.taiyo-service.co.jp/shop/item_list?category_id=113481）
  前田京子さんレシピの石けんを購入することもできますし材料も揃ってます！
- **monday moon** （http://www.mmoon.net/）
  手作り石けんだけでなくコスメも手作りしたい人におすすめのサイトです

ちなみに…
今回ご紹介した石けんの作り方は『コールドプロセス』(略してCP)といわれる方法です
苛性ソーダという劇薬を使用しましたが
製造過程で「けん化」という化学反応をおこすと
完成した石けんに苛性ソーダの成分は一切残りません
安心して使ってね★
カシャ
カシャ
CPソープと呼ばれます
でも苛性ソーダの取り扱いは十分注意してね！

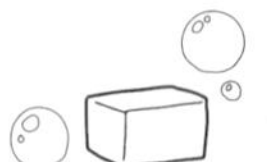

わが家の定番 SOAP 2種

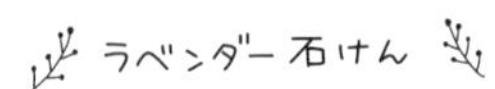

ラベンダー石けん

ラベンダーの花も精油もたっぷり入った香りの良い石けん　洗いあがりも◎

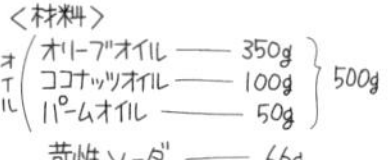

<材料>

- オイル（500g）
  - オリーブオイル ―― 350g
  - ココナッツオイル ―― 100g
  - パームオイル ―― 50g
- 苛性ソーダ ―― 66g
- 精製水 ―― 175g
- オプション
  - ラベンダーの花（ドライ） 20g
  - ラベンダー精油 ― 15〜20ml

この石けんのレシピでは
オイルにハーブを漬け込み2週間以上寝かせてから使います
こういうオイルをインフューズドオイル（浸出油）といいます

ガスール＆ローズマリー石けん

天然泥"ガスール"を混ぜ込んだミネラルたっぷりの石けん
泥の成分で汚れを取りながらもツルツル成分あり
ローズマリーのスパイシーな香り

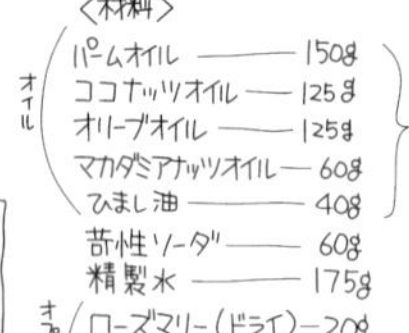

<材料>

- オイル（500g）
  - パームオイル ―― 150g
  - ココナッツオイル ―― 125g
  - オリーブオイル ―― 125g
  - マカダミアナッツオイル ― 60g
  - ひまし油 ―― 40g
- 苛性ソーダ ―― 60g
- 精製水 ―― 175g
- オプション
  - ローズマリー（ドライ） ― 20g
  - ガスールパウダー ―― 20g
  - ローズマリー精油 ― 15〜20ml

石けんに入れるハーブや精油・泥を（はちみつや粉ミルクを入れることも）"オプション"といいます

どちらも作り方は同じ
1 オイルにハーブを漬け込んでインフューズドオイルを作る
2 このオイルで本編の作り方の③まで作る
20分休まずかきまぜる
3 オプションを入れる
泥は小皿などに取り分けたタネ少々によく溶かしてから全体に混ぜる
ハンディブレンダーでトロっとするまで撹拌する
4 あとは本編の⑤からの工程と同じです！
ココナッツオイルを加えると格段に泡立ちが良くなります！
OIL

《第六話》居酒屋の巻

普段はのほほん主婦の私ですが
カリカリ
カリカリ
それでも本の出版前ともなると深夜まで仕事をすることもあります
あ
夫君からLINEだ
今から帰るよ～！
ハイハーイ
サラリーマンの夫は残業が多い職種で帰宅が深夜になってしまうことも
よっしゃ！
夫君が帰ってくるまでにキリのいいとこまでやっちゃお！
こうなるとどちらも夕飯の仕たくができなくて
40分後
はぁ～ただいま～
疲れた～
おかえり～
私も今日はずっと描いてて疲れちゃったよ
夕ごはんどうしようか
あ～肩こった
ドサッ
――ってことは
行っちゃう？
ニヤリ
ニヤリ

焼鳥
おつかれ〜
やって来たのは近所で深夜も営業している居酒屋
プハーッ
プハーッ
ぐびぐび
やっぱりがんばった日のビールは格別だよね〜
うま〜っ
ネギマ
ナンコツ
ハツ
カシラ
忙しいとき近所に居酒屋があるってホント助かるわ〜
食べたいもの食べられて洗い物もしなくていいし
ゴミも出ないしレンジも汚れないし
焼酎
あとは帰ってフロ入って寝るだけだもんねー
オススメ
すみませーん追加でししゃもとセロリの浅漬けあと生ビール2つ〜!
居酒屋はわが家にとって忙しいときの強い味方だったのです
MENU
翌朝
ピピピ…ピピピ…
う〜ねむ〜
ねえちょっと!今日も仕事つまってるんでしょ?起きた方がいいんじゃないの?
う〜ん

じゃ
行ってくるからね！
ちゃんと起きなよ〜
わかってるってば〜
パタン
フゴー
数時間後
ピンポーン
ピンポーン
ガバッ
——はっ!!
そういえば今日お昼に
旅行の間うちのハムスター預かってくれない？
もう12時!?
Yちゃんがハムスターつれてくるんだった！
パパ〜イ
ちょっと待っててね
ハーイ
さすがにパジャマじゃまずいな
ぬぎぬぎ
おっと髪の毛髪の毛
は〜い
お待たせ〜
どうぞどうぞ
ごめんね〜お言葉に甘えてうちのハムちゃんお願いしちゃって
はっ
ぽんちゃんゆうべ結構飲んだでしょ
そして今さっき起きたね？
えっ!?なんで分かるの？
顔すんごいむくんでる
えーっ!?
まぶたがパンパン

せっかく買ってきてくれたケーキだけどごめんね後でゆっくりいただくよ
胸やけしちゃって…
うん
その方がいいかもね
いや〜ここ数日忙しくてさー夕飯作る時間もなかったんだけど
こういうとき居酒屋って便利なんだよね
わかる〜
うちはそういうときファミレス行っちゃうな〜
でもつい飲みすぎちゃってきのうなんて2時半まで飲んでてさ
結局寝たのが朝の4時すぎ
えーっ!?
だから朝なかなか起きられなくてね〜
今日も仕事がつまってるからまた夜遅くまでかかりそうだよ…
ん?
も もしかして私なんかすごい変なこと言ってる?
うん
言った
と思う。
これって
昨日遅くまで飲まなかったら
寝ぼうせずに朝9時から仕事できて
しかも胸やけもむくみもなし
そしたら夜も3時間早く仕事を終わらせられる
かもしれないってことだよね?
ま そーいうことだよね
だね

その夜
カリ カリ
うう～
結局やっぱりこの時間まで仕事することになっちゃった
夕飯もまだ食べてないし
ただいま～
ヒック
おかえり～
あれ？夫君飲んで来たの？
顔赤いけど
昨日居酒屋で話したよ？覚えてない？
明日出向することになった同期のN君の送別会に行ってくるよ
ハーイ
ウィ～
あ
そうだっけ？
じゃあごはんは食べてきたんだね？
覚えてないや
う～ん
それがさあ僕が幹事でバタバタしてたから食べられなくてちょっとおなか空いちゃったんだよね～
何か簡単なものとかないかな～
カップ麺くらい買ってくんだったなー
え～!?
今日は買い出しにも行けなかったし何もないよ～
えーっと
冷凍ごはんくらいしか…
『やってみた』①参照
定番土鍋ごはん余ったときに冷凍してます
あ
ちょっと待って！
鮭フレークと海苔がある！
それなら…

じゃ～ん
ごはんレンチンして鮭フレーク載せて
ごまとのりをかけて
わかした白だしをかけると…
冷蔵庫に常備してある
簡単鮭茶漬け！
おおっ
夫君ビールは？
う～ん今日はもういいや
そしたら私もやめとこっかな
いただきま～す
ズズズ…
ハフッハフッ
んは～っ
なんかムショ～にうまいね
ハフッ
うんうまい
ズズズ
ハフッハフッ
こうしてこの日は軽くお茶漬けで夕飯をすませ
ゆっくりお風呂に入ると
は～
体があったまったらなんだかすごく眠くなってきた
コックリコックリ
すぐに布団に入ることにしたのでした
ぐぉ～～
あれ？
今日は遅くまで仕事してた割にいつもとほとんど変わらない時間にお布団に入れた
いつもは寝るの0時半くらい

翌朝
ピピピピ…
ピピピピ…
よく寝たー！
なんだかスッキリ
うーーん
のび〜
ゆうべのごはんが軽めだったからか胃もたれもむくみもないし
お酒ももちろん残ってないし
これなら朝9時から仕事できそう
朝イチのワイパーがけもテキパキできちゃう
おーい
どした
んっ？
今朝は歯みがきしてもえずかなかった！
いつもなら飲んだ日の次の日必ずえずくのに！
オエ〜
なんでだろう？
よかったのう
夫よ 君も人知れず胃もたれしてたのか…
ふむ
大変な仕事が終わった後のビールってすごくおいしいし
飲めないと淋しいと思ってたけど
実は体にとってかなり苛酷な状態だったのかもしれないなぁ
やっぱりビールだよね〜
早く休みたいのにその上お酒もか〜
それに忙しいときほど自分で意識して体を休ませないと
思うように仕事ができなくなっちゃうのかも
案外心って体の状態にひきずられやすいんだね
心は元気でも
体が疲れていると
なんだかはかどらない…
心も元気がなくなってく

こんなことがあってから
時間があるときに
〝お茶漬けセット〟を
作っておくように
なりました
よし！
今日はごはんを
多めに炊いたから
パパッと作っちゃお
ラップに
ごはんと
焼き鮭の切身
ゴマを載せて
キュッと
ひねって
まとめて
冷凍！
パタン
おにぎりとしても
食べられるし！
食べるときは
レンチンして
おだしをかければ
すぐ食べられる
もんね！
こうして
なんとなく
わが家では
ただいま〜
あー
疲れた〜
〝忙しくて
夕食が10時
以降になる夜は
ササッと
お茶漬け
＋
早めに寝る〟
これが
ルールとなり
おかえりー
お茶漬け
作ろうかー
深夜の居酒屋に
出かけるのを
やめることに
なったのでした
居酒屋は
時間があって
楽しめる日に
行くのがBEST
焼
そのおかげか
なんとなく
よし
ちょっと
早いけど
寝ちゃお
明日の私の
ための準備だ！
ガー
気持ちが前向きに
なった気がします

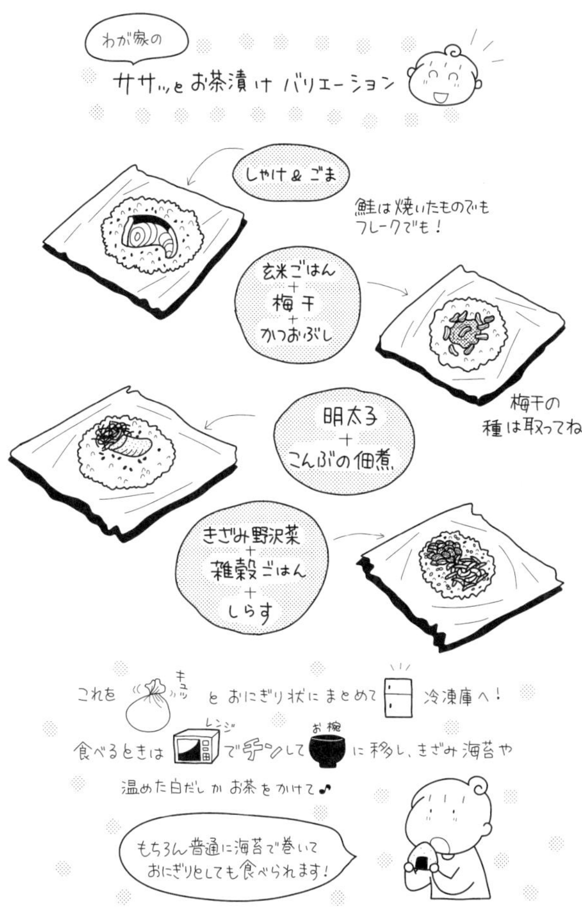
わが家の
ササッとお茶漬け バリエーション
しゃけ＆ごま
鮭は焼いたものでも
フレークでも！
玄米ごはん
＋
梅干
＋
かつおぶし
梅干の
種は取ってね
明太子
＋
こんぶの佃煮
きざみ野沢菜
＋
雑穀ごはん
＋
しらす
これを キュッ とおにぎり状にまとめて 冷凍庫へ！
食べるときは レンジ で チン して お椀 に移し、きざみ海苔や
温めた白だしかお茶をかけて♪
もちろん普通に海苔で巻いて
おにぎりとしても食べられます！

ポカ
ポカ

あはは
その
えと
あの
し――ん

第二章

人間関係で、やめてみた

ず――ん
ゆううつ

《第七話》友達作りの巻

ただいま〜
はいっ
ポストに入ってたよ
ん？
ありがと
わっ
同窓会の案内状！
中学校のは何年ぶりだろう
おお〜
いいね〜
平成△年度
H中学校卒業生
日時・○月×
場所・△△
御出席
御欠席
……
う〜ん
どうしよう
かなぁ
皆さんは同窓会の案内状が届いたとき
素直に楽しみに思えますか？
――それとも
Mちゃんや
Yちゃんは
来るかなぁ
話せる人が
誰もいなかったら
行くの嫌だなあ
ちょっと尻込み
しちゃう方ですか？
日程は問題ないんだけどね
学生時代から
友達が少なく
人付き合いが下手な
私にとって
同窓会は
つい尻込みしちゃう
イベントです
とりあえず
二人に聞いて
からにしようっと
ラインで
聞いてみよう

テロリ〜ン♪
お 返事早っ
私もYちゃんも
行くよー!
ぽんちゃんも
行こうよ!
そ そっかー
じゃあ私も
行こっかなあ
ってことで
同窓会
行ってきます
てへ
うん
楽しんで
おいでよ
せっかくなんだし
そして
3カ月後
ちょいと
おめかし
あっ Z山君!
お〜
わたなべ
久し振り!
ここに名前と
住所書いて
あと
こっちに
会費ね!
お〜い
ぽんちゃん
こっちこっち
ホッ
Mちゃん
Yちゃん
な〜んか
みんな老けたねぇ
私もだけどさ
そりゃもう
いい歳だもんね
うわっ
男子が
名刺交換
してるー!
男子って
みんな大人に
なったんだねえ
しみじみ〜

結構出席率良さそうだね
全員来てたりして〜
ヒソヒソ
それがそうでもないみたいよ
今回の幹事Nちゃん達がやってるでしょ
だから昔から仲が良くないSちゃんグループは欠席してるって
Nちゃん
Sちゃん
ひぇ〜〜っ
あんな昔のわだかまりまだひきずるかねえ
昔ケンカしてたもんね
え−!っ
そうなの!?
とはいえ私も実はちょっとだけNちゃんが苦手なんだ
ちょっと怖い系だもんね
うん
あ
実は私も…
ぽんちゃんはいいよね〜
"苦手で話せない"なんて人いないでしょ
えっ
そんなことないよ!
私って人見知りがバレるのが嫌でついその場しのぎのいい顔しちゃうから
人見知り全開にしてオドオドモジモジ
他人に気を遣わせるのが申し訳ないので
ついテキトーな仮面を被ってその場をやりすごす
ニコニコ
誰とでも話せるフレンドリーな人に見えるかもしれないんだけど
NちゃんとSちゃんが昔から仲が悪いってことも今初めて知ったたよ
何十年越しのニュースなんだ

きっと私って
〝誰とでも話せるいい人〟
じゃなくて
〝あたりさわりのないことしか話せないどうでもいい人〟
なんだ…
だから友達少ないのかな
いーかん
悲しい気分になってきた
これから宴会なのにっ
よし！
せっかくの同窓会なんだし
もしかしたら今から親しくなれる人もいるかもしれないし
ぐっ
少しだけ積極的にみんなと話してみよう
ライン交換できるかな～
こうして同窓会では
私なりに積極的に話してみることに
したのですが…
宴もたけなわの頃
なんかぐったりしてない？
酔った？
いいや
気疲れしちゃって…
ハァ

結局やっぱりあたりさわりのない話ばかりで
LINE交換できるほど仲良くなれる人いなかったなぁ
友達作るのって難しい
キャハハハ…
ほら〜
私ってお酒強いからさー
飲みすぎだって!
もっと注いでよ〜
……
Nちゃんご機嫌だね
女王様は健在だなぁ
うん
相変わらず人気者だね
人気者?
う〜ん
にぎやかに見えるけどNちゃんって実はそんなに友達は多くないと思うよ
そうなの?
Nちゃんって
私が〜
私の〜
私って〜
私みたいな〜
常に自分のことばかりしゃべってて
まわりのことなんて気にしないじゃない?
そう
言われてみれば

うちの妹がNちゃんと同じ職場なんだけど
仕事中もあの調子だから
周囲の人達からちょっと距離を置かれてるって言ってた
しーーん…
へ～
常に自分のことばかりだから好かれない
…か
Nちゃんって引っこみ思案な私とは違うタイプの
〝友達できない人〟なんだなぁ
ん？
いや待てよ
よく考えたら実は私も人と話すとき
自分のことばかり考えているかも…
変な人だと思われないようにしなきゃ
初めて会う人
面倒な人だと思われないようにしなきゃ
打ち合わせ中
バカにされないようにしなきゃ
店員さんと
暗いと思われないようにしなきゃ
さっきまでの私
相手からどう見えるのか気にしてばかりで
相手のことを考えなかったり
その場を楽しもうと思えなかったのかも…
私とNちゃんってタイプが違うように見えて
実は…
キャハハハ

自分中心って
ことでは
同じタイプの
〝友達できない人〟
なのかも…
私に興味
持ってよ〜
キャハハハ
私なんてさ〜
そう思うと
なんだか彼女に
同情しちゃうなぁ
こんなことが
あってから
私は無理に
友達を作ろうと
するのをやめ
ました
YAMAHO
音楽サロン
入会
キャンペーン
今は好きなこと
一人で楽しめれば
いいや
ジャズボーカルを習ってます
無理に友達を
作ろうとしな
ければ
いい人に
思われなきゃ！
と思うことも
減ってきて
あ〜
あ〜
あ〜
なんだか
今までより
気楽に
その場を
楽しめるように
なっていきました
この曲は
失恋した
男性の
歌なん
ですよ〜
じゃあ
僕には
歌いやすい曲ですね
あははは
すると…
そうそう！
皆さんに
お知らせ！
来月銀座で
ライブやるから
良かったら観に
来てね！
先生
プロの
ジャズシンガー
おー〜！
JAZZ
銀座

じゃあ皆で
行きましょうか
最前列
陣取っちゃい
ましょうよ
わぁ
いいですね！
じゃあ
せっかくだし
LINEで
グループ作り
ません？
あ！
じゃあ
作っちゃい
ますね〜
！
これって
もしかして
友達が
増えたって
こと？
不思議なことに
以前よりあっさりと
交友関係が
広がったのでした
今まで友達って
お互い興味を
持たないとなれない
と思ってたけど
友達だよね
だから自分を
よく見せたくて
必死だったけど
同じ方向を
向いている者
同士なら
案外すんなり
友達になれる
ものなのかも
JAZZ
楽しいことやって
友達が増える
なんていいこと
だらけだなぁ
じぃぃぃん…
もう自分を
〝友達できない人〟
って思うのも
やめよう
なんだか肩の荷が
おりたような気が
した私なのでした

よく考えてみたら
以前は友達とは
お互い認め合い
信頼し合い
秘密を共有し
お互いのことをよく知って
しくしく
色んなことを話し合える
そんな人のことだと思っていましたが
でも今はお互い詳しく知らなくても
同じ楽しみや
同じ時間を共有できる
楽しい人も友達だと思うようになりました
それと同時に
私は友達だと思ってるけど
向こうはどう思ってるか
分からないし…
と うじうじ考えるのをやめることにしました
よし！
私が友達だと思うから
あの人は友達
これでいいのだ！

ちなみに
以前はLINEで友達になるとき
ふるふるします? QRコードにします?
えと あの よく分からなくて…
使い方が分からなくて困ることがよくありました
普段めったに友達増えないから友達追加しなれていないのバレちゃうよね♪
なんか私カッコ悪い?
あ じゃあちょっと貸してください 私がやっておきます
ギャ～ 友達の数が少ないの見られたら恥ずかし～っ
ドキッ
なんて思ってました
でも今は
"友達が少ない私"を取り繕ったりしようとも思わなくなったので
恥ずかしいとは思わないし
素直に操作を教えてもらったりして
LINE操作がうまくなりました
そうそう
それを押して
ほうほう
そして?

《第八話》イベントブルーの巻

串
ホッピー
前回無理に友達を増やそうとするのをやめてみたら
案外すんなり交友関係が広がるようになった私
行きつけの居酒屋で知り合った音楽やってるA君
来週ライブやるんだよ！荻窪で
えっホント!? スゴイ!!
行くよー!!
あ そうそう そういえば
来月の第1土曜ビアガーデンに行く予定なんだ〜！
上野精養軒の屋上だよ！
ビアガーデンいいねー!!
ふたりも行かない？この店で知り合った飲み友達4人くらい来る予定なんだけど
うっ… ビアガーデンは好きだけど知らない人ばかりってのがなぁ…
アセ アセ
いや 待てよ！
友達はこんな風だけじゃなく
お互いをほりさげて付き合う
こんな風でもいい！
イベント
同じ目的を共有する
——と思うようにしたんだった！
みんなでビアガーデンというイベントを楽しめればいいんだもんね
よし！
じゃ行こうかな
うん！
やったー

こうして誘われたイベントにはすすんで参加するようになったのですが…
実は私にはもうひとつやっかいな問題があったのです
ビアガーデンまであと2週間かぁ 当日晴れるといいなあ
あと10日
何着て行こうかなぁ
キレイめな方がいいのかなァ 初対面の人が多いし…
ズズズッ
あと1週間
う〜ん 上野かぁ 遠いなぁ 飲んだ後電車で帰るのつらくなりそう
飲みすぎないようにしなきゃ
ズズズ…
あと3日
—ってか知らない人ばっか来るんだよね 何話せばいいんだよ〜
むむ むむ
ズズズズ…
改めて尻込みしはじめる私
……
プチッ
はぁ〜〜
なんだかすっごく億劫になってきた キャンセルしちゃおうかなぁ
もう私なんて行かない方がいいのかも
ずーーん
ゆううつ
えーえっ!? なんで!? どうした!?
それはイベントが近づくにつれゆううつになってしまうクセ
名付けて〝イベントブルー〟

行けば
きっと
それなりに
楽しいとは
思うんだ
けどさ〜
いじ
いじ
いじ
ゆううつ
なんだかんだで
やっぱり気を
つかうだろうし
えっと
あの
うまく輪に
入れるか不安
だし…
かといって無理に
明るくふるまうと
家に帰ってから
泣きたくなるし
キョロ
キョロ
そして
知らぬ間に
必要以上に
飲んでしまう
あ〜
しゃべり
すぎた〜
絶対変なん
だと思われ
てる〜!!
ポカ
ポカ
ひとり大反省会
だったらもう
はじめから
イベントなんか
行かない方が
心の平安は
守れるよね…
ボソ
ボソ
ゆううう
はぁ…
じゃあ
キャンセルの
メールする?
残念だけど
でもなぁ
20代の頃
イベントブルーの
たびにドタキャン
してたら
友達が激減
したことが
あったんだよなぁ
あの頃にはもう
戻りたくない
やっぱり
行きます
まだ
ゆううつを
抱えた
ままですけど
ゆううっ
せっかく
友達が
増えたのに
付き合いが
ゆううつに
なってしまう
〝イベントブルー〟
うん
行けば
きっと
楽しいよ!
こんなクセを
どうにかしたいと
ずっと思っていたの
でした

翌日
仕事の打ち合わせ中ふとプライベートな話になり…
K木さん ライター・編集
今週末友人家族らとBBQする予定なんだけどね
自分で企画したイベントなのに
なんだか気が重くなっちゃって
億劫っていうか面倒っていうか…
は〜
えー!?
K木さんでもそんなことあるんですか?
K木さんはとても社交的で楽しいイベントを企画するのが上手なので
かなり交友関係の広い人です
そりゃあるよー
多かれ少なかれ誰でもあると思うよ〜
そ そうなんだ…
イベント前にブルーになるのって
自分に自信がなくてコミュニケーションが下手な私みたいな人だけだと思ってた…
意外〜
わっでっかいウロコ
ポロリ
う〜ん
なんていうかイベントそのものが嫌なわけじゃないんだよね
BBQやキャンプ大好きだし
――しいて言うなら
そのイベントで自分がちゃんと立ちふるまえるか不安っていうか…

実は今度のBBQって嫁さんの友達の仲直りが目的でさー
K木家
まぁまぁ
ママ友Aさん
ママ友Bさん
うまく盛りあげられるかちょっと不安なんだよね
そりゃー不安ですね
でも一方でうまく課題をクリアできるかワクワクドキドキしてる自分もいるわけ
おいしい料理で楽しませるぞ！
楽しい遊びで盛りあげてみせるぞ！
きっと仲直りさせてみせる
なるほど～
だからきっと僕がこのイベント前にナーバスになってるのは
自分に課題を与えすぎて考えるだけで疲れちゃってる状態なのかもしれない
と思ってるんだよね～
あれもやる
これも
やるぞ
は～
なんだかやる前から疲れた…
ま
いくら僕ががんばったところで仲直りするかどうかは当人達の気持ちしだいなんだよなぁ
う～ん
考えてもしかたないしもう少し気楽にBBQを楽しむつもりで行ってくるよ！
のび～
ですね！
ふーむ
〝イベントで自分がちゃんと立ちふるまえるか不安〟
〝自分に課題を与えすぎてナーバスになる〟かあ…
・・・・・

そう言えば確かに私も
ダサいと思われない服を着て行かなきゃ
うまくみんなの輪に入って話をしなきゃ
嫌われないようにしなきゃ
楽しく上手に話をしなきゃ
ペラ
ペラペラ
イベント前に自分に課題を与えすぎて不安になっていたかも…
というか同窓会のときもその場を楽しむというよりも
ひ～～
ちゃんと話さなきゃ変な人だと思われそう
自分がまわりからどう見られてるかばかり気にして疲れちゃったけど
イベントブルーも結局
ドキ
ドキ
きちんとしてて それでいて面白い魅力的な人だと思われたい
って考えに囚われてばかりで…
また自分のことしか考えてなかったかもしれない
そして ビアガーデン当日
おーい
そろそろ行かないと遅れるよー
はっ
まさか また イベントブルー!?
ちがう ちがう
今 火の元確認してただけだよ～
ごめんね お待たせ～

私ね
イベントブルーになりそうなときには
1 純粋にイベントを楽しもう
2 私は私のままでいい
3 成功しなくていい失敗してもいい
って心の中で唱えることにしたんだ
それにさ
飲み会に少しくらい口下手な人や服装が変わった人がいても
私は別にその人のこと嫌いになんてならないし
別に嫌なことされるわけじゃないもんね
うん僕もそうだよ
だよね だから私が少々口下手で服装がダサくても
自分で思うほど周囲は気にしてないのかもと思うんだよね
気にしすぎ
そうだよー！
どこにいても卑下したり見栄を張ったりせずに
いつもの自分のままで楽しいことができたら
幸せだろうなぁ
そうだね
こうしてイベントに参加することが億劫ではなくなりつつある私
なんだかフットワークが軽くなったような気がしています
ビアガーデン楽しみだね
あーおなか空いてきた！

イベントブルーをぶっとばせ！
もう負けないぞ！
イベントブルーをのりこえてイベントに参加したものの
次に襲ってくるのは"一人反省会"
はぁ～ なんだか気疲れしちゃった
それは帰り道にはじまる
うちに帰る頃にはすっかり後悔だらけになっていたりします
あ～もう私のバカバカ
調子に乗ってしゃべりすぎた～～っ!!
ポカ
ポカ
ポカ
変なのガハハハ
笑いすぎ
T君怒ってないかな
そーいう意味で言ったわけじゃないんだ～～
Kさんなんであのときあー言ったんだろう？怒ってる？
あんなこと言わなきゃよかった
でも
そんなときはわざとぐいっと気持ちを切り替えて
イベントの主催者はこんな私でも良いと思ってるから誘ってくれたんだ！
私は気にしすぎ！
今日はホントに楽しかった！行って良かった！
と声に出してみると気持ちが楽になります
ぐいっ
そして一人反省会ぐせがなくなるとイベントブルーも減少します
おためしあれ～

《第九話》人見知りの巻

今日は夫の古い友人と飲みに来ています
あれ？ U田遅いなぁ
もう30分すぎてる
そうだな そういえば今日は彼女連れてくるって言ってたなぁ
Dさん
へ〜 彼女できたんだ
俺達に紹介したいんだってさ
みたいよ
なんでもツンデレな彼女らしいよ〜
ツンデレ!!
う〜む
怖い人じゃないといいな〜
想像
ツン ツン
イラ イラ
知らない人が来る飲み会… 人見知りな私にとってかなり緊張するできごとです
お〜！
遅れてごめん
えーっとこちらA子さん
3カ月前から付き合ってるんだ〜
A子です
わぁ よろしく〜
ペコリ
よろしく〜
ははっ 彼女少し人見知りでさ〜
ま、仲良くしてやってよ
サッ

そっか〜
人見知りかぁ
ちょっぴり
親近感〜
じゃあ
ていねいに
接した方が
いいかな
ドキ
ドキ
ええっと
あのっ
飲み物どう
しますか？
ソフトドリンクも
たくさんある
みたいですよ〜
ドリンク
メニュー
――！
ん？
ササッ
飲み物？
え？
カシオレ？
こしょ
こしょ
こしょ
あ
じゃあ
カシス
オレンジ
お願い
します
僕は
中生を
じー
ハ
ハイッ
こ
こりゃあ
かなりの
人見知りだなぁ
スミマセーン
中生と
カシオレ
お願いしまーす
ハイヨー
ドリンク
メニュー
こうして
始まった
飲み会は
一見なごやかな
ムードですが…

女性ふたりはなんだかおかしなムード
一切話に入ってこない
彼女さんつまらないいんだろうか何か怒ってるんだろうか
話しかけた方がいいのかな〜
あっ〜でも人見知りなら変に話しかけられるの嫌なのかも…
どうすればいいんだ〜
オロオロ
あれ？タバコ切れちゃった
みんなノンスモーカー
ちょっと外で買ってくる…
うっ
ぐいっ
すぐ戻ってくるから
イヤッ
5分もかからないからねっ
知らない人の中に置いて行かないでよっ
聞こえてるし
でもみんないい人だろ？
イヤッ
ぐっぐっ
じゃちょっとふたりで行ってくるわ
え〜っと
あ、うんそ それがいいね
BEER
ねぎま
シロ
ハツ
タン
レバ

15分後
あれ？
彼女さんは？
うん…
なんか人見知りしすぎて疲れたみたいで帰りたいって言ってんだよね
今、外にいるんだけど…
えーっ!?
彼女を送って行くから俺も先に帰るね
これ二人分ね ごめんね
お おう
……なんか大変だな
うん
うわぁあぁ
気に障るようなことしたっけ!?
オロ
オロ
こんなことがあってから…
人見知りとは一体なんだろうと考えるようになりました
でも
私とA子さんじゃ大分タイプが違うんだよなぁ
A子さん
知らない人とは交流をあきらめがちな人
私
知らない人とも どうにか交流しようとして挙動不審になる人
しーん
えと あの その あはは
ガリ
ガリ

同じ人見知り
でも 私は
A子さんみたい
にはできない
だまりっぱなしで
まわりに気を
つかわせちゃうのが
申し訳ないし
何より嫌われ
そうなのが
怖くて…
しーん
なんかノリ悪いよね
私あーいう人苦手なんだよね〜
これが怖い!!
だからつい
まわりの顔色を
うかがって
雰囲気を壊さ
ないように行動
しちゃう
あはは
それおもしろ〜い
でも常にうしろには
こんな自分がひかえてる
う〜ん…
もしかしたら
A子さんと
私は同じ
人見知り
でも
プライドが
高い人
バージョン
しーん
自分から話したくないし
と
プライドが
低い人
バージョン
ペラペラ
あはあは
なのかも
まわりを
拒絶することで
自分を
守っている
A子さん
人に嫌われて
心が傷つく
のが怖くて
そんな自分を
守るために
ついまわりに
いい顔を
してしまう私と
話しかけないでオーラ
ニコニコ
ペラペラ
あはは
どちらも
〝ありのままの
自分で
いられない〟
という点では
同じなのかも
しれないなぁ
コポコポ

あ～あ
人見知りなんてせず
"素"の自分のまま人と接することができたら
友達も増やしやすいだろうし人付き合いも楽しくなるんだろうなぁ
そう思わない？
ハイコーヒー
サンキュ
ん？
どしたの急に
ん～
今ちょっとA子さんのこと思い出してて…
私と似てるとこあるなーって
ふーん
僕は素のままがいいとは思わないな
ーってかなんで素の自分なら友達できると思うの？
そんなに素の自分は素晴らしいの？
？
？
えっ
なんでって…
オドオドしてない自分の方がいいのかなって…
逆に考えてみてよ
初対面からまるっきり素の人と仲良くなれると思う？
僕はこんな人嫌だよ
まるで自分の部屋に
ひとりでいるような素の人
面白くないから笑わなーい
まずっ 捨てちゃえ
ペッ
いただきもの
興味ないから話聞かなーい
ゲフ
ボリボリ
ブッ
思ったこと何でもズケズケ
言っちゃう
それ君に合わない
う、う～ん
そう言われると「少しは気をつかってよ」と思うかも…
ちょっと話が極端なんじゃ…

初対面の人に
気をつかうのも
あいそ笑いや
緊張するのも
ドキ
ドキ
多かれ少なかれ
誰でもあることだし
ニコ
ニコ
それに
親しい人に
対してなら
100%素を
出せるかと
いうと
そうでも
ないでしょ
親しき仲にも
礼儀ありと
いうし
自分
恋人
妻
親
いくら親しくても
言っちゃいけないこともある…
だから
別にいいと
思うんだ
初対面の人の
顔色うかがったって
気をつかい
まくったって
オドオド
してしまったって
そ そう
なのかな？
うん
もしかしたら
案外そんな人が
いてくれた方が
気が楽に
なったり
助かったって
思う人も
いるかもしれ
ないしね
！
それからと
いうもの…
Italian
Pizza

初対面の人に
会うのはやっぱり
緊張するけど
こちら
同僚の
M美さん
おさななじみ
よろしくお願いします
こちらこそ～
ドキ
がんばれ私
ドキ
つい誰とでも
仲良くできる
フリをすることも
顔色をうかがって
しまうクセも
あ
この人も緊張
してるみたい
話題
ふらなきゃ
受けとめて
みたら…
このスパーク
リングワイン
桃の味で
ほんのり
ピンクなんで
すって！
さっきお店の人が言ってました
これ
おいしそう
じゃありま
せん？
わあ
おいし
そう！
じゃあ
それに
しよう！
女子っぽい♥
もしかしたら
これはこれで
私の長所？
なんて
すこーしだけ
思えてきたり
して
もう
自分を
人見知りと
思うのを
やめよう
なんだか
これからの出会いが
楽しみに思える
今日この頃です

そういえば
人見知りを
やめてみるのと
同時に
つい心の中で
やってしまう
服装などから
その人がどんな
人なのか憶測
すること
も、やめるように
しました
ロックTシャツ
ピアス
音楽知らないと相手にしてくれなそう
ブランド品好き
ノーブランドをバカにしそう
モード系
おしゃれさん
ダサい人とは話したくなさそう
憶測して
しまうと
つい人見知りが
強くなる
からです
わぁ
おしゃれで
気難しそうな
人だなぁ
そもそも
私だって
初対面の人に
トンチンカンな
憶測をされたら
あんまりいい
気分じゃ
ないもんね
30代の頃
ニューハーフに
まちがわれたのは
ショックだったな…
そう思う
ようにしたら
いつの間にか
あら
さがし
すること
や
人のウワサを
うのみに
すること
も
やめようと
思うようになり
割とフラットに
初対面で
話せるように
なりました

海外から一時帰国中
実は私は今までずっと同じ年頃の女性と接するのが苦手でした
ひえ〜〜何を話そう
バリバリのキャリアウーマン
2児の母
彼女たちが好みそうな話題についていけなくてヘコんでしまうからです
ファッション
ブランド
人気ドラマ
恋愛
子育て
美意識
エステ
人気俳優
キャリア
ひ〜〜
でも人見知りを返上しとりあえず話してみるようにしたら
わぁ！このアンモナイトかっこいい！私も化石が大好きなんだ〜！
じゃーん
世の中には自分と似たような趣味の女性もたくさんいるってことがわかりました
私は化石や鉱石を集めるのが好きなのです♥
そんな趣味の合う人達はみんな
私人見知りなんだよね
私も
私も一
それじゃあ中々わからなかったはずだよね
そんなとこまで似た者同士
人付き合いでも"一歩踏み出す"ことの大切さを感じたのでした

朝イチの
ワイパーがけも
テキパキ
できちゃう

シャコ
シャコ
シャコ
シャコ
シャコ

第三章

囚われるのを、やめてみた

《第十話》「センスの問題」の巻

今日は古い友人とおうち飲み
夫は出張中
わっ もう1本空いちゃった!
早っ
ふたりとも大酒飲み
次 何飲む?
焼酎のお湯割りにしよっかな
お湯もらっていい?
ふっふっふ ボトルで買ってきた♥
オッケー 今わかすね
ちょっと待ってて
おっ かわいいヤカン!
あれ? この前来たときは白いヤカンじゃなかった?
こんなの
うん これ最近買い替えたんだ~
カチッ
そういえばさっきエコバッグも新調したって言ってたよね
前のはこんなの
ビニールかごバッグ
ああ これね
使いやすそうだったから買い替えたんだ~
CAT
HIGE
はいはーい お湯わいたよ~
これ お湯割り用グラスね!
サンキュ おこれもいいグラスだね
この前 雑貨屋でみつけて気に入っちゃってね~

なんだか
ぽんのうちって
毎回何かしら
新しくなってる
気がする！
はっ
た 確かに
そうかも…
さては
おこづかい
増えたな？
そんな
わけじゃ
ないけど
よ よく考えたら
私って
〝新しい物に
買い替えたく
なるクセ〟が
あるかも
しれない…
友人の一言で
ふと〝悪いクセ〟に
思いあたった私
さすがに
高価なものは
無理だけど
こまごました
物はつい
買い替えたく
なっちゃうの
最近つい買い替えてしまったものたち
グラタン皿
グラス
シャープペン
ボールペン
エコバッグ
サンダル
シャンプーディスペンサー
香水
やかん
ブックカバー
スマホカバー
へ〜
お店で手に
とったときは
ステキ！
使いやすそう
だしカッコイイ！
ベタ惚れして
買うんだけど
しばらく
使ってると
う〜ん
なんとなく
ダサい気が
してきた…
なんて思えて
きて
そんなとき
お店で似たような
ものをみつけると
あ！
こっちの方が
ステキ！
とつい買い替え
ちゃうんだ

私ってセンスないからさ～
自分の持ち物に自信がなくなっちゃうんだよね
あははは
はっ
?
うーっ
今すっごく悲しかった思い出を久し振りに思い出しちゃった…
はぁ
おっ
何何? どした!?
聞くよ聞くよ!
ずいーっ
えーっとね
小学生の頃クラスの女子でかわいい文房具を集めるのが流行してたんだけど
香り玉交換しない?
ねり消しもあるよ
じゃあ紙石けんあげるね
あ～あったね～
私はレターセット集めてたよ～
私は母が買ってくれたマジメで地味な文房具しか持ってなくていつもかやの外だったのね
おこづかいももらってないから自分で買うこともできなかったし
3年 わたなべぽん
そんなある日親類のおばさんがうちに来たときに
ぽんちゃんくらいの年頃ならこういうのが好きだと思って
すごくかわいいペンケースをくれて
strawberry
私が選んだんだよー!
いとこ
わぁ

すっごく嬉しくて
さっそく次の日学校に持って行ったんだけど
ドキドキ
ドキドキ
クラスのちょっとイジワルな女の子がやって来て
ねぇ
そのペンケースどうしたの?
きのうおばさんにもらったの
いとこが選んでくれたんだ〜
ふ〜ん
やっぱりね! ぽんちゃんのセンスじゃないと思った!
ねぇ ペンケースの中 見せてよ
えっ
……
パカッ
かわいいペンケースの中は
今まで通りのマジメで地味な文房具
Strawberry
Strawberry
キャハハハ
いくら外側だけかわいくても
中身がダサいままじゃカッコ悪〜い!!
やっぱりセンスな〜い!
すっかり落ち込んだ私は
しゅん…
ペンケースを自宅の机の引き出しにしまい込んで
二度と使うことはなかった
もらったペンケース使わないの?
えへへ
もったいなくて使えないや

今思えば あの頃から 〝私の持ち物は ダサい〟とか
〝私なんかが 選んだものは センスがない〟 って思うように なった気がする
はっ
ムキー‼
嫌なヤツ〜〜‼
なんだその クラス メートは！
ドス
ドス
そんなの 気にすん なよ〜っ！
ねぇ ちょっと これ見てよ！
ガサゴソ
覚えてる？ 何年か前に 誕生日 プレゼントで くれたコスメ ポーチ
大の お気に入りで 今も使ってる んだよ！
ぽんがダサいって 言うなら ぽんが選んだ ポーチを気に 入って使ってる 私もダサいって こと？
いいや そんな つもりじゃ
ぽんが選んだ ものを気に入って 使う人間が ここにいるんだから
あんまり 〝私なんか〟 なんて言わ ないでよ
私まで 悲しくなっ ちゃうでしょ！
——うん ありがと

数時間後
友人が帰ったので片付け中
私ってセンスに自信がないというより
自分に自信がないから
選んだものまで自信がなくなってたのかもしれないな
その上自信がない自分をステキなもので補おうとしてしまうから
つい買っちゃう魔のサイクル！
自分に自信がないから何かで補いたい
身のまわりのものをステキなものにすれば自信になるかも
買ってみたもののやっぱり自信はない
ついつい次々と物を買い替えたくなっていたのかも
ぽんが〝私なんか〟って言ったら私まで悲しくなる
そうだよね
私も友達が〝私なんか〟って言ってたら
悲しくなるだろうな
ゴシゴシ
よし！これから〝私なんか〟って思いそうになったら
私もそう思うようにしよう
キュッキュッ
そしてあの思い出をひきずるのはもうやめにするんだ
私は私の好きなステキなものを選べるようになったんだしね
こんなことがあってから

〝私なんか〟と思うクセをやめられるよう
少しずつ気をつけるようになり
おっかわいい布バッグ
でも今使ってる布バッグが気に入ってるもんね
大切にしなきゃ
気付けば〝買い替えグセ〟も減っていきました
──そっか
〝悲しむ人がいるから「私なんか」って思っちゃいけない〟ってことは
それが親兄弟でも友達 恋人 妻・夫・同僚でも
犬でも猫でも！
誰しもがみんな
〝私なんか〟って思っちゃいけない誰かの大切な人なんだな
自分のこともまわりのことも大切にしていかなきゃ
よし！手始めに今日は夫の好物のハンバーグにしてやろうっ特売だし
特売 ハンバーグ ¥398 2P
鶏ムネ肉 国産 2パック ¥498
新たな心のマイルールができたのでした

《第十一話》いつから旅行好きに？の巻

あ
そうそう
この前の休日出勤の代休で休みを取れることになったんだよ！
へ〜
良かったねぇ
せっかくだから今度の3連休にプラスしてどこか旅行でもしない？
3連休＋代休2日
5日間のお休み！
わぁ
行く！行きたい！
どこがいいかなぁ
国内なら長崎とか金沢とかいいなぁ
北陸新幹線乗りたーい！
5日ならアジアもいいね タイとかベトナムとか
いいね！
ワクワク
行きたいところがたくさんあって悩むなあ
うちはホント旅行好きだね
あはは
そうだねぇ
うふふ
旅行 旅行〜♪
ジャブジャブ
ん？
そういえば昔はそんなに旅行が好きじゃなかったのに
いつからこんなに好きになったんだっけ？
思い起こせば十数年前
ん？
何だろう うちにでかい封筒が届いてる！
当時古本屋の店長だった

差し出し人
サ●トリー？
なんじゃ
こりゃ…
はっ
香港グルメ
ツアー
当選!?
それは
なんとなく
シールを集めて
送ってみた
缶ビールの
キャンペーン
そういえば
応募してたん
だったー!!
わあ！
こーいうのって
本当に当たるんだ！
スゲーッ!!
当時は
交際中
あれ？
そういえば
パスポートって
持ってたっけ？
ううん
持ってない
作らなきゃ
その頃の私は
あまり旅行が
好きではなく
正直
乗り気じゃ
ない
どうせ当たる
ならB賞の
「本格飲茶セット」
が良かった…
——なんて
あの姿を
見ると
言えない…
でも
せっかくだからと
行くことに
やった
やった
香港
旅行
当時今よりも
ずっとずっと
・人見知り
・引っ込み思案
・出不精
だった私は
普段の
行動範囲は
うちから
半径
約500m

やっかいな
"イベントブルー"も
発症して…
あ〜ぁ
海外なんて
行きたく
ないよ
パスポートセンター
次は 259
受付
写真撮影
言葉は
通じないし
食べ物も
布団も変わるし
何より知らない
人達と四六時中
一緒だなんて
つらすぎる
ツアーなので
だいたい
3泊4日分も
服を持ってく
なんて大変…
ずっと同じ服
着続けるわけに
いかないし
はぁ〜
めんどくさ〜
旅行が近づくに
つれてナーバスに
ピンポーン
次の方〜
そして
当日
NARITA
空港の
ラウンジに
集まった
当選者達
ザワ
ザワ
ザワ
わぁ！
50人以上は
いるなぁ！
そちらは
何枚ハガキを
送ったんですか？
うちは3枚です
うちなんて
1枚だけなのに
当たったんですよ！
ラッキー
ですね！
見知らぬ人と
こんな調子で
3泊4日だなんて
気づかれしそう
フッ…
もちろん
飛行機も
初体験
ゴゴゴゴ…
ガガガガ
わ〜
飛行機の
本気出した
感じが
怖いっ

香港に到着したのは夜7時
ホテルにチェックインしたのは夜8時をまわった頃
は〜
ボフッ
今日は移動だけだったけど疲れたー！
ふ〜
そうだね〜
でも寝るにはまだ早いし少しおなかもすいたからちょっと外に出てみない？
何か買って食べたいな〜
ガバッ
え!?
私達だけで!?
危なくない!?
大丈夫でしょこの辺は治安がいいって さっきツアコンの人も言ってたしホテルの近くに屋台が出てて楽しいよってすすめてたし
で でも…
平気だって！
初海外旅行の第一歩となった香港の夜の屋台は
！
あのにぎやかなとこじゃない!?
わぁ…
なんだか子供の頃に楽しみにしてたお祭りみたいでど

夜なのに明るくてにぎやか〜
わっ日本のマンガも売ってる!
おっ これは串焼きかな〜
あっ こっちはラーメンだ!
食べたい!
あはは〜
見て見て“出前一丁”って書いてある!
インスタントラーメン屋さんなんだね
出前一丁
ひぇ〜〜
あのお姉さんたくましいなぁ
ダン ダン
聞こえてくる言葉がほとんど分からない
広東語?
どこの国から来たのかも分からない人だらけ
香港
すると私の心に変化が…
なんだろうこの気持ち
ドキドキ
日本にいるときよりも心がすごく楽っていうか
堂々とできるというか
なんだかとっても解放感がある

香港には
いろんな人種 いろんな服装
いろんな言葉 いろんな職業の人が
暮らしているのが当たり前で
ダン ダン
ラーメン2つ ビール2つ
――ってことは
今ここにいる私も〝私のままで当たり前〟なんだ
そっか… この解放感は
まぁまぁ 飲みなっせ
どもども
ここでは誰かと自分を比べなくていいからだったんだ…
じわっ
そう思ったとたん なんだか胸がいっぱいに
日本で暮らす日常では なぜかいつも人目が気になって
この服去年流行した色だから 今年着たら笑われるかな
まわりの誰かと比べては
貯蓄 マイホーム 出産 資格
私もちゃんとしなきゃ
落ち込んでいたことに気付いたのです

ハイヨ～!
出前一丁
おおっ
んーーっ
んまい!
格別だね
ホントだ!!
めっちゃおいしい!
出前一丁なのに～
出前一丁に炒めたお肉や野菜がのってる
そうだったこんなことがあってから旅行が好きになったんだった
キュッキュッ
翌日
でも旅行って楽しい分終わりが近づいてくると淋しくなっちゃうんだよね～
取引先の出版社からの帰り
Sale!
ずっと旅して生きていきたいくらい!
またアジアのどこかを街歩きしたいなぁ
そしてまた私は私のままで当たり前
あの心地よさを味わいたい
じーん
そんなとき道に迷ったらしい外国人観光客が声をかけてきました
Hey! Excuse me! Could you tell me the way to Kabukiza?
すみません 歌舞伎座へ行く道を教えてもらえませんか?
ドキッ
シュシュアー!(も もちろん)

こういうときはグーグル先生の出番だっ！
えーっと えーっと
Go straight ahead this road, turn right at the end and you will find Kabukiza!
この道をまっすぐ進みつきあたりを右折すると歌舞伎座です！
Oh! Thank you!
ホッ びっくりしたー！
最近東京はホントに外国人観光客が増えたな〜
なぜかよく道を聞かれる人
Have a nice trip!
Bye bye!
あ！
ふと気付くとそこにはいろんな人種 いろんな服装 いろんな言葉 いろんな職業の人達でにぎわっていたのでした
まるであの日の香港みたい
日本での日常生活ではなかなか感じにくいけど いつどこにいたって私は"私のままで当たり前"なんだ
無駄に誰かと自分を比べて悲しくなるのはもうやめよう
そう思えたときまたひとつ心のつかえがとれたような気がしたのでした
えへへ なんだか久し振りに出前一丁が食べたくなってきた〜
買って帰ろうっと
CAT HIGE

《第十二話》生まれ直しの巻

デンタルクリニック
はい！これで全部の治療が終わりました 長い間よく頑張って通いましたね！
おめでとうございます
ありがとうございます！
雨の日も風の日も通い続けて約3年 ようやく歯の治療が終わりました
解放感
あぁ
歯医者さんに通う前はホントにひどかったもんな私の歯
う〜ん 虫歯や欠損の他 歯肉炎や歯周病が進んでます
すでに根がやられてる歯もあるから 何本か抜くことになりそうですね
ズキズキ
それに奥歯を抜くと差し歯やブリッジができないから
部分入れ歯かインプラント になると思います
どちらにするか考えておいてね
ガーン
30代で部分入れ歯
悲しいっ!!
貯金をだいぶ使っちゃったのはイタいけど
思い切ってインプラントにして良かった〜
自分の歯みたいな使い心地だしい

おお〜
ホントだ〜
口の中が
ピカピカに
なってる！
えひょ！
（でしょ！）
よろこびの
Wピース
もう右でも
左でも
ピーナツを
食べられる
のが
嬉しくて
嬉しくて！
それで
さっきから
食べてたのか
ポリ
ポリ
ポリ
ポリ
今まで
歯医者に
最後まで
通ったことが
なかったし
3年もかけて
目標達成した
こともなかった
から
いつも
中途はんぱに
して
行かなく
なってた
二重三重に
嬉しいんだ〜！
おお〜
良かったね〜
それに…
こんなに
歯がキレイ
なのは
きっと
赤ちゃんの
頃以来だと
思うし
ずず〜
——というのも
実は私…
ものごころ
ついた頃には
すでに
乳歯が虫歯で
ボロボロ
だったのです
幼稚園の
先生
しかも
超肥満児で
アトピー
歯が
痛いよう
どうし
ましょう

母はあまり子供の面倒を見るのが上手な人ではなく
超ガサツ。
たまに思い出したように
ホラ!
歯みがきしてやるからおいで!
ビクッ
え〜〜〜
早くしなさい!!
ビクッ
痛い!! 痛い!!
ここぞとばかりに虫歯をブラシでこする母
バカッ
これくらいガマンしなさい!
ガシガシガシ
でもあまりに私が嫌がるので更に放置するようになり
痛い 痛い
同じことが耳でもあった
これで中耳炎に。
フンッ
もうやってあげないからねっ!
大げさなんだから
ひっく ひっく
小学生になる頃には症状がすすみ
いててて また虫歯が痛みだした
ズキ ズキ
でも虫歯が痛いと言うとまたガシガシされるからだまっとこう
隠れて鎮痛剤を飲んだことも
チラ
それでも親に秘密にしていたので歯医者にかかることもなかったのです

そんな調子で中学・高校へ進む頃には永久歯もあちこちボロボロ
歯科検診では必ず
なんだこれは！君の歳でこんなひどい口の中は見たことがない
今までどうしてたんだ
と驚かれ
口の中は私の大きな大きなコンプレックスに
マジでー
ヒソヒソヒソ
子供の頃母が優しく歯みがきを教えてくれていたら…
毎晩一緒に並んで歯みがきしてくれるような親だったら…
歯みがきが日課になるようしつけられていたら…
今頃はキレイな歯だったかも知れない
私はじょじょに親のせいだと思うようになっていきました
やがて18歳で家を出て一人で生活するようになってからも
はぁ…今月もピンチだなぁ バイト代が入るまでのあと5日どうやって過ごそう…
スイトンでも作るか…
カツカツで歯を治療する余裕がなく
小麦粉
100均パスタ
2千円であと5日か〜
ズキズキ
20代 歯はどんどん悪くなっていきました
この歯で歯医者に行くのが恥ずかしくてなかなか行きづらいし
とりあえず鎮痛剤飲んでがまんしよう…

すると
30代の
ある日
体験したことが
ない程の痛みで
顔がはれあがり
ズキ
ズキ
ズキ
ズキ
ズキ
ヴヴ〜
ヴヴ〜
気絶するほど
痛かった
ガマンできずに
歯医者さんに
飛び込むと
これはひどい！
神経が死ん
じゃってますね
どうしてここまで
ほったらかし
たんですか！
相当痛かった
はずですよ！
子供の頃の
思い出
コンプレックス
だったこと
お金がなくて
治療できな
かったことを
次々に
思い出し
ウィ〜〜ン
なんだか
悲しいような
悔しいような
気持ちで
胸がいっぱいに
なってしまい
ギュッ
だって…だって…
母が歯みがきの
しつけをちゃんと
してくれなかっ
たんです
思わず
口に出して
しまったのでした
すると…
ふふふっ

なーに言ってんのそんな昔のこと
お母さんはどうあれ
今のあなたは自分でなんでもできる立派な大人じゃないの
クスクス
はっ
は
は
は
恥ずかしい〜〜
確かに私は子供の頃から歯が悪かったけど
今なら自分の意思で治療することもできるのに
治療のためにバイトを増やすとか
自分で歯みがきを習慣化するよう努力するとか
完治するまでちゃんと通院するとか
デンタル
すっかり母のせいにして
自分でできることすらほったらかしにしてたのかも
母が歯みがきのしつけをしてくれなかったから
ああ〜
いい歳して人前ですごく幼稚な言い訳をしてしまった
ひーっ恥ずかしい！
穴があったら入りたい〜
さて…
今回は痛む歯から治療していきますが
その後どうします？
全体を治療する方向で考えてみませんか？

よ よろしく
お願い
します！
はい！
ではがんばり
ましょう！
なんでも
相談して
くださいね！
こうして
30代後半にして
ようやく本腰を入れて
歯の治療を始め
それと同時に
今回で
歯は全部
キレイに
するぞ！
それにもう
誰かのせいに
してなまけたり
自分を正当化する
のはやめるんだ
と心に
決めたの
でした
そんな決心で
3年間休まず
通院して
今ようやく
すべての歯が
キレイに
なったのです
えへへ〜
私
頑張った
なぁ
でもやっぱり
ふと考えて
しまう…
もともと
子供の頃から
歯がキレイ
だったなら
こんな苦労も
しなくてすんだ
のかな…
はぁ…
ん？
どした？
急にため息ついて
ん？
あ あのね
もっと早くに
気持ちを入れ
替えて
早い段階で
歯医者に
行っておけば
こんなに
時間やお金が
かからなくても
すんだのかな〜
なんて
思ってさ
う〜ん
それは
そうだけど
できなかったん
だから仕方が
ないじゃない

考えを変えるにはきっとそれくらい時間が必要だったんだよ
その分これからはうんと歯を大切にすればいいさ
うん
ありがと
せっかく治ったのにヘコむことないじゃないか
ん？そっか…もしかして私には〝母のせいにする〟という時間が必要だったのかもしれない
痛いよう痛いよう
そのお陰であの頃の私をなぐさめることができたし
人のせいにして自分を正当化したり
なまけたりする弱い部分に気付くことができたんだし
は〜
歯みがきしないで寝ちゃお〜
これからは誰かのせいにしたり誰かに頼ったりしなくても
自分の気持ちを整理して行動を変えることができれば
遠まわりしたけどこの歯は自分で勝ち取った宝物なんだなぁ
自力でしあわせを見つけることができる
そう思えたことが
私の本当の〝自立〟なのかもしれません
大切にしなきゃ！
シャコシャコ
シャコシャコシャコ

《エピローグ》

ある日の夜
気になっていたドキュメンタリーを観ていたときのこと
あなたは子供の頃になりたかったものになれましたか？
僕は昔ゲーム屋さんになりたかったなぁ
結局サラリーマンになっちゃったけど
ゲーム好きだもんねぇ
ぽんは子供の頃からマンガ家になりたかったんでしょ？
夢を叶えたなんてスゴイなぁ
うーん
でも自分が思い描いていた〝漫画家〟とはだいぶ違っていたけどね
夢
壮大なストーリーマンガ
現実
生活をつづるエッセイマンガ
のほほん
しかもほとんど主婦だし
あ！そういえば私子供の頃もうひとつ〝なりたいもの〟があったなあ
えっ何？何？
――それは…
ギャハハ
ガサツな
オバチャン
兄ちゃんこれまけて〜
〝その昔は〝オバタリアン〟と呼ばれてたオバチャンね♪
は!?
なぜ!?

私って子供の頃
何をするにもなんだか恥ずかしくて
キョロキョロ
オドオド
すみません
ごめんなさい
私って…
いつも人目を気にしてビクビクしたり
とっても生きにくさを感じてたんだけど
その点オバチャンって
ちょっとガサツで人目を気にしなくて
マイペースで好きに生きてる感じがして
すごくうらやましかったんだよね
ギャハハ
これ持ち帰りたいんだけど
生モノなのでちょっと…
いーじゃない！何かビニール袋ちょうだいよ！
でも…
いーから！
私も
おおっスゴイ！あの強さが欲しい!!
だから
あぁ思春期なんかすっとばして早くオバチャンになりたい
早く歳をとりたいな
って思ってた
だけどいざ自分が〝オバチャン〟って言われる年齢に近づいてきても
もしよかったら試着してみてくださいね
ビクッ
ハイッ
オロオロ
相変わらず人目を気にしていて
やっぱり生きづらくて…
結局私がなりたかったガサツなオバチャンって
年齢を重ねれば誰でもなれるわけじゃなかったんだって気付いたんだ
それにあんまりステキじゃないことにも気づいた。
あはは

じゃあもう"ガサツなオバチャン"になる夢はあきらめたんだ？
うん あきらめたっていうより今は逆にそんなオバチャンにならないよう気をつけてるよ
それに
ガサツなオバチャンにならなくても最近少しずつ生きやすくなってきてるし
以前はこの生きづらさが一生続くと思っていた私
こういう風に生まれてこういう風に育てられたんだから もうきっと死ぬまで変わらないいんだろうな
劣等感
人目が気になる
人が苦手
自己嫌悪
イヤだ
ギュッ
寝る前に考え始めると眠れなくなる
いつも自分が人としてどこか欠けているような気がして
つまらないことまで自分のせいにしてヘコんでいました
あっ この服ほつれてる！
コラいうの買っちゃうあたりが私ってダメなんだよな
——でも
この数年間"やめてみること"を意識して生活したら
なんだろう？ 毎日ささいなことがじ～んわり楽しい…
少しずつ暮らしや心の中が変わっていくのを感じました

もしかしたら
今までの私は
自分に自信が
ないあまりに
こういうとき・・
普通は
みんなこう
するんだよね
という考えに
囚われすぎていて
私がしたいこと
ポンッ
普通はこう
みんなやってる
これが一般的
当たり前
その〝普通〟に
興味が持てない
自分を責めたり
みんなやってる
でもやっぱり好きになれない
〝普通〟ができずに
劣等感を覚えて
いた気がします
みんなやってることができない私って…
みんなやってる
「やめてみる」生活は
そんな〝普通〟を
優先するのをやめること
私が好きなこと
やりたいこと
できることを
やってきたのが
自分を大切に
する練習に
なったのかも
だからきっと
生きるのが
楽になって
きたんだろうな
——というか
なんだか
この歳になって
〝生まれ直し〟
してるみたいだ
「もうきっと
死ぬまで変わらない」
そう思っていた心が
ほどけていきました
人は
生きながらにして
生まれ変わることが
できるものなのかも
しれません

あとがき

最後まで読んでいただきまして
ありがとうございました

ささいな思いつきから始まった
"やめてみる"ですが 私の暮らしや
考え方を大きく変えてくれました

これからも身のまわりで面倒なこと 手間なこと
心が疲れてしまうことがあったときは ふと歩みを
止め 何かやめてみることがないか考えていきたい
と思っています そして心の中から元気に再スタート
を踏み出せたらいいなぁと思います

最後になりますが 今回も描かせてくだ
さった幻冬舎さん いつも深く深く理解
してくださる担当編集さん 携わってくだ
さる多くの方々 家族 友達 そしてこの
本を手にとってくださった皆さん
ありがとうございました！

またどこかでお会いしましょう！

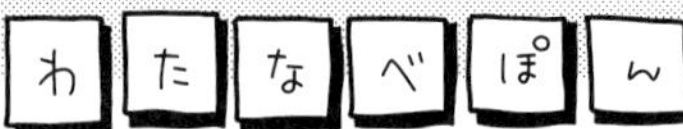
わたなべぽん

この作品は二〇一七年七月小社より刊行されたものです。

幻冬舎文庫

●好評既刊

やめてみた。

本当に必要なものが見えてくる、暮らし方・考え方

わたなべぽん

炊飯器、ゴミ箱、そうじ機から、ばっちりメイク、もやもやする人間関係まで。「やめてみる」生活を始めた後に訪れた変化とは？　心の中まですっきりしていく実験的エッセイ漫画。

●最新刊

阿佐ヶ谷姉妹の　のほほんふたり暮らし

阿佐ヶ谷姉妹

40代の女芸人ふたり暮らしは、ちょっとした小競合いと人情味溢れるご近所づきあいが満載。このままの日々が続くかと思いきや――。地味な暮らしぶりと不思議な家族愛漂う往復エッセイ。

●最新刊

獏の耳たぶ

芦沢　央

自ら産んだ子を「取り替え」た繭子。「取り替えられた」子と知らず、息子を愛情深く育ててきた郁絵。それぞれの子が四歳を過ぎた頃、「取り違え」が発覚。切なすぎる「事件」の、慟哭の結末は。

●最新刊

離婚しそうな私が結婚を続けている29の理由

アルテイシア

やっと結婚できたと思いきや、母の変死、父の自殺、弟の失踪、借金騒動、子宮摘出と波乱だらけ。でもオタク格闘家夫との毎日で「生きててよかった」の境地に。大爆笑の人生賛歌エッセイ。

●最新刊

一緒に絶望いたしましょうか

狗飼恭子

叶わない想いに生き惑う正臣と津秋は、小さな偶然を重ねながら運命の出会いを果たすが――。嘘と秘密を抱えた男女の物語が交錯する時、信じていた恋愛や夫婦の真の姿が明らかになる。